Rupert Feuchtmüller

Schöngrabern
Die steinerne Bibel

Fotos von O. J. Erwin Reichmann

HEROLD · WIEN · MÜNCHEN

CIP-Kurztitelaufnahme der Deutschen Bibliothek

Feuchtmüller, Rupert:
Schöngrabern, die steinerne Bibel / Rupert Feuchtmüller. – Wien, München : Herold, 1979.

ISBN 3-7008-0167-X

Umschlagentwurf: Atelier Grieder-Bednarik
Graphiken: Irmgard Grillmayer
Druck: Herold, Wien 8

ISBN 3-7008-0167-X

Inhalt

Der Weg zum Kunstwerk

Anmerkungen S. 151

Diese kurze Einführung soll den Leser darüber informieren, was er von dem Buch zu erwarten hat und wie in ihm die Akzente gesetzt sind. Sie trägt zugleich die Erkenntnis in sich, daß es noch viele andere Betrachtungsweisen zu diesem Gegenstand gibt, die ebenso berechtigt vorgetragen werden können. Das Buch hat eine ganz bestimmte Absicht gewählt, die über die der ersten Auflage, die im Jahre 1962 erschien, hinausgeht: es will nicht bloß darstellen und erklären, sondern dem Leser vor allem die immer noch lebendige Sprache dieses Kunstwerkes vermitteln und in ihrer zeitlosen Aussage nahebringen.

Der Autor läßt sich dabei keineswegs von der Vorstellung leiten, daß er es ist, der eine solche Betrachtungsweise in Bewegung setzt. Sie ist längst beim kunstinteressierten Betrachter vorhanden, sie beschäftigt den Interpreten, der sich mit dem Leben dieser steinernen Bibel immer wieder neu auseinandersetzt, ebenso wie den Betrachter, der die vielen auf ihn eindringenden Fragen im Heute und ganz speziell für sich beantworten möchte. Wer sich mit Schöngrabern ernsthaft befaßt, wird nach der Weltanschauung gefragt: nach jener, die sich im Kunstwerk spiegelt, aber auch nach seiner eigenen. Natürlich kann man eine Kunstbetrachtung rein im ästhetisch-künstlichen Bereich ansiedeln, sich als beurteilende und klassifizierende Instanz empfinden und nach wissenschaftlicher Objektivität trachten. Überbrückt das Verstehen aber nicht solche Distanzierung? Sakrale Kunst, besonders die des Mittelalters, ist Sprache, Sinnbild, Offenbarung. Sie hat einen bestimmten Auftrag, aus dem heraus sie entstanden ist. Ihm nachzugehen ist die Absicht des Buches, nicht ihn vorauszusetzen. An Hand der Fakten soll dieser Sinnbezug Schritt für Schritt erkannt und eben auf diesem Wege vermittelt werden.

Bei einem solchen Bemühen muß man sich nicht nur auf das immer deutlicher werdende Interesse an einer solchen inhaltlichen Interpretation der Kunst berufen, man kann auch auf die Geschichte der Schöngraberner Kirche in den letzten beiden Jahrzehnten selber verweisen. Es begann damit, daß man den Zugang zur Apsis der Kirche frei machte, daß man einen Platz vor ihr anlegte und das neue Kriegerdenkmal in einen Bezug zur Kirche selber brachte. Man entfernte die im Süden störende Sakristei, schuf für die intime Andacht der Gläubigen eine Wochentagskapelle im Norden und gab damit auch dem religiösen Leben neue Impulse.

Im Zuge der Umgestaltung wurde auch der erste bedeutende Fund gemacht: man entdeckte in einem später errichteten Mauerwerk das noch gut erhaltene zweite Kapitell der romanischen Westempore; darüber berichtete schon die erste Auflage des Buches. Doch es wurde noch weiter geforscht und gearbeitet. Bei den Abbrucharbeiten fand man den romanischen Schlußstein des Chorquadrates. Dieser bedeutende Fund hatte entscheidende Konsequenzen. Er war ein Impuls für die Neugestaltung der Kirche, deren Inneres so weit als möglich auf den ursprünglichen romanischen Zustand zurückgeführt wurde. Die barocken Altäre wurden entfernt, das Presbyterium aufgegraben, nach Grabgelegen untersucht und schließlich das Chorquadrat mit den gefundenen romanischen Rippenstücken wieder eingewölbt. Der wiederentdeckte figurale Schlußstein wurde ins Zentrum des Rippenkreuzes gesetzt. Eine weitere Folge dieser Wiederherstellungen war die Errichtung eines Lapidariums und eines Dokumentationszentrums im mittelalterlichen Keller des Pfarrhofes. Man sieht aus all dem, daß es keineswegs bei wissenschaftlichen Diskussionen um Schöngrabern blieb, sondern daß sich ein tätiges Interesse entfaltete. Die romanische Kirche von Schöngrabern verschaffte sich selber immer mehr Geltung, die Wiedergewinnung des ursprünglichen Zustandes brachte stets neue Aktivitäten in Bewegung. Dieses Engagement, an dem die Pfarre, die Gemeinde und der Verfasser des Buches selber mitwirkten, forderte im Rahmen dieser Publikation auch eine andere Art der Darstellung.

Jedes der folgenden Kapitel versucht eine eigene Betrachtungsweise. Die wissenschaftlichen Erkenntnisse sind die Voraussetzung dafür, sie werden jedoch im Haupttext nur soweit als nötig angeführt. Eine eingehendere Beschreibung ist auf besondere Abschnitte beschränkt. Die Dokumentation wurde vor allem im Anhang festgehalten, der weitere Belege und auch informative Graphiken bietet. So sind Interpretation und Dokumentation zwar getrennt, jedoch aufeinander bezogen. Der von Erwin Reichmann völlig neu gestaltete Bildteil hat sich von der Aufgabe der Textillustration weitgehend gelöst, er will eine „lesbare“ Abfolge bieten und ist auch in diesem Sinn angelegt.

Die zweite Auflage des Schöngrabern-Buches ergänzt und erweitert die 1962 erschienene Monographie.

Fuschl am See, Dezember 1978

Die Frage nach dem Stifter der Kirche

Anmerkungen S. 151–154

Das eigentliche Problem soll gleich an den Anfang gestellt werden: Wer waren die Gründer, die Stifter von Schöngrabern? Die Besonderheit der kleinen romanischen Kirche, deren plastischer Schmuck in vieler Hinsicht ganz eigene Wege geht, deren Apside mit ihrem Skulpturenprogramm kein Vergleichsbeispiel aufzuweisen hat, stellt von sich aus immer wieder die Frage, wer denn diese Kirche veranlaßt hätte, wer der Konzeptor dieses Programmes war und welches Ereignis ein solches Kunstwerk inspirierte.

Die in der älteren kunstgeschichtlichen Literatur mitunter vertretene Meinung, daß der Provinzialismus dieses Kunstwerkes, seine Rückschrittlichkeit im Ausdruck eine nähere Untersuchung nicht lohnt, ist seit der Arbeit von Fritz Novotny nicht mehr gültig. Im Gegenteil: die urtümliche Formensprache und die abgeschiedene Lage der Kirche fordern erst recht zu einer Erklärung heraus.

Wenn man die Besitzgeschichte im Raum um Schöngrabern auf Grund der Urkundenlage in der Zeit des 12. und 13. Jahrhunderts überblickt, dann muß man die Vorstellung einer provinziellen Abgelegenheit bereits revidieren. Schon um 1200 schenkte Aspinus, der Kaplan Markgraf Leopolds III., dem Stift Klosterneuburg einen Hof in ,,Grawarn". Aber auch das Wiener Schottenkloster und das Stift Melk waren im Raum von Hollabrunn und nördlich davon in Pulkau begütert. Entscheidend für Schöngrabern aber ist, daß es schon Ende des 12. Jahrhunderts im Besitz der Kuenringer war. Aus dem ,,liber fundationum monasterii Zwetlicensis", dem Stiftungsbuch des Klosters Zwettl, der nach 1308 bis 1327/28 geschriebenen ,,Bärenhaut", entnehmen wir, daß Hadmar II. von Kuenring nach dem Tod seines Vaters Albero III. (1182) die Herrschaft Grabarn und auch das benachbarte Wullersdorf mit allem Zubehör übernahm. Nach seinem Tod (1217) fielen diese Besitzungen an seine Tochter Gisela, von der sie an die Brüder Hadmar III. und Albero IV. gelangten. Aus Urkunden und Traditionen erhalten wir jedenfalls eine klare Auskunft darüber, daß Schöngrabern zur Bauzeit der Kirche im Besitz dieses mächtigen herzoglichen ministerialen Geschlechtes war.

Die Ansiedlung Schöngrabern ist ein planmäßig angelegtes Angerdorf, das in seinem Typus ebenfalls auf das 12. Jahrhundert zurückgeht. Bedenken wir, daß der Hauptstraßenzug in westöstlicher Richtung verläuft und daß dieser, früher östlich der Kirche, von der heute dominierenden Nord-Süd-Straße gekreuzt wurde, dann entnehmen wir daraus, daß die Kirche einst an einem wichtigen geographischen Ort lag: an der Verbindungsstraße zu den Kuenringerbesitzungen im Osten und an dem Verkehrsweg, der von Wien nach Mähren und Böhmen führte.

Wenn man diese Bezüge weiter verfolgt und bedenkt, daß die Kuenringer die Stifter des Zisterzienserklosters Zwettl waren, daß Hadmar II. wegen seiner vielen Schenkungen und wohltätigen Gründungen sogar als zweiter Stifter bezeichnet wird, dann ist die Tatsache von Interesse – ja sie gibt eine weitere Bestätigung der historischen Verbindungen –, daß die Kirche von Schöngrabern sehr ausgeprägte Stilelemente der Zisterzienserarchitektur aufweist. Sogar das Baumaterial – es ist ein feinkörniger Waldviertler Quarzsandstein – stammt aus diesem Raum. Aus solchen Argumenten empfängt die Annahme, in Hadmar II. den Stifter von Schöngrabern zu sehen, weitere Argumente.

Das Besondere der kleinen Kirche zeigt sich natürlich nicht an dem bescheidenen Bau, sondern vor allem am Skulpturenschmuck, in der außerordentlich eindringlichen, dramatischen und drastischen Sprache der Bildwerke. Sie ist nicht allein durch den Stifter zu erklären, sondern verlangt nach einer vergleichsweisen Betrachtung der geistigen Situation der Zeit.

Man kennt für den Skulpturenzyklus von Schöngrabern kein literarisches Konzept, kann aber dessen Unmittelbarkeit aus gewissen verwandten Tendenzen verstehen. Hier muß zunächst die Tatsache bedacht werden, daß im Österreich des 12. Jahrhunderts die scholastische Methode, wie sie in Paris Abaelard († 1142) mit seinem Handbuch vertrat, kaum Anklang und Verbreitung gefunden hatte. In Österreich dominierte die asketische Auffassung des Bernhard von Clairvaux, wobei sich ein geschichtlich-theologisches Grundkonzept auch hier von Extremen fernhielt und reale Bezüge anstrebte. Dafür spricht etwa die Aufnahme von augustinischem Gedankengut, wie es in dem 1146 vollendeten Chronicon „Historia de duabus civitatibus" des Otto von Freising zum Ausdruck kam. Der Kampf des Gottesstaates gegen den Teufelsstaat, wie er in der Weltgeschichte selber, vom ersten Sündenfall bis zum Jüngsten Gericht, immer wieder erkennbar ist, lieferte zum Beispiel ein Grundmotiv, das wir am Sklupturenzyklus von Schöngrabern beobachten können. Das Hervortreten des Infernalischen in dieser Bildsprache spiegelt sich schon im Hauptwerk des Augustinerpropstes Gerhoch von Reichersberg „de investigatione Antechristi" in jenem Aufspüren des Teuflischen, dessen Herrschaft, wie Gerhoch nachweist, bereits angebrochen wäre.

Der unmittelbare Realitätsbezug in den theologischen Schriften, die sich warnend der Welt zuwenden, stellt natürlich auch die Frage nach den vergleichbaren Tendenzen in den profanen Dichtungen. Sie zeigen sich in den naturnahen Erzählungen eines Dietmar von Aist, in den sprechenden Szenenbildern des Ritters von Kürnberg, um dann im natürlichen Lied, in der volkstümlichen Spruchkunst eines Walther von der Vogelweide einen Höhepunkt zu erreichen. In unserem Fall aber bietet das Nibelungenlied selber die stärksten Parallelen: in seiner Dramatik, im gesetzmäßigen Ablauf der Handlung und in der Tragik des Geschehens. Ähnlich wie in der Weltchronik des Mönchs wird die Dichtung mit der zeitgenössischen Gegenwart – wie Josef Nadler es nannte – verflochten. Es geht um Schuld und um die Wertordnung der Pflichten, um jenes kämpferische Streben nach einer höheren Ordnung. Dies alles vor dem Hintergrund der Kreuzzüge und der Kämpfe gegen Ungarn. In Neidhart von Reuentals grotesker Dichtung und in Tannhäusers Schilderung einer entfesselten sinnlichen Lust spiegelt sich der Verfall, die Tragödie des in seine eigene Schuld verstrickten Menschen.

Erinnern wir uns in dem Zusammenhang, daß Herzog Leopold VI. gegen Irrlehren der Waldenser und Katharer stritt, daß er 1212 eine Kreuzfahrt gegen die Albigenser und Mauren in Südfrankreich unternahm, um die verhängnisvolle Glaubensspaltung mit Waffengewalt zu bezwingen, ferner daß Hadmar II. von Kuenring dem Herzog Leopold VI. 1217 in das Heilige Land folgte und im selben Jahr ums Leben kam, dann haben wir genügend historische und geistige Voraussetzungen, die uns die Stiftung der Kirche von Schöngrabern und die außerordentliche Thematik der Skulpturen erklären.

Auch das Zwiespältige liegt in der Zeit: das starre Blockhafte, das den Ausdruck einer urtümlichen, älteren romanischen Formensprache wachruft auf der einen Seite, die lebendige unmittelbar sprechende Dramatik der Gesten auf der anderen. Noch einmal wird an einer Zeitenwende am Ende der staufischen und babenbergischen Herrschaft die Universalität des frühen Mittelalters beschworen, zugleich aber wenden sich die Reformklöster und die Bettelorden predigend direkt an das Volk. Diese lebendige Dramatik sprengt die Einbindung in eine mittelalterliche, rein theologische Typologie. Die Erzählung erfindet eigene Bilder, die aus dem Leben entnommen sind und die auch der Laie versteht. Die Handlung ist drastisch, zeigt die Möglichkeit zur Entscheidung zum Guten im letzten Moment. Schöngrabern erweist sich als Kunstwerk mitten in einer solchen Zeitenwende. Hadmar II. von Kuenring erlebte diesen Umbruch, er könnte – ehe er auf Kreuzfahrt ging – durchaus der Stifter dieses Mahnmals gewesen sein. Die kleine Kirche hat auch die nötige Größe für Rechtshandlungen und Festlichkeiten.

Ein sehr gewichtiges Argument, das für solch einen Stiftungsbau spricht, sind die kürzlich am Bauwerk – innen so wie außen – festgestellten Steinmetzzeichen, die in Form und Art für die Zeit um und nach 1200 charakteristisch sind. Wenn man nur die ganz klar ausgeprägten Zeichen, meist in der Mitte der Quadern, zählt und alle unklaren etwaigen Zufälligkeiten wegläßt, dann kommt man zumindest auf 19 verschiedene Zeichen, die mehrmals wiederkehren. Eine so große Zahl von Steinmetzen ist ungewöhnlich und auf keinem anderen Bauwerk dieser Dimension bekannt. Dies bedeutet, daß hier vom Stifter eine Gruppe von Steinmetzen ins Land gerufen wurde, denen es möglich war, die Schöngraberner Kirche, vom Steinbrechen angefangen, in etwa 5 bis 10 Jahren aufzuführen. Diese Arbeitsgruppe scheint nachher wieder weggezogen zu sein, da wir bisher keine weiteren vergleichbaren Bauten von ihr kennen. Man kann daher annehmen – falls die historische Theorie stimmt –, daß der Bau im ersten Jahrzehnt des 13. Jahrhunderts von Hadmar II. begonnen wurde und vor seiner Kreuzfahrt, spätestens 1217, vollendet war.

Das Schicksal der Kirche

Anmerkungen S. 154–165

Ehe man den geschichtlichen Überlieferungen folgt, sei ein sehr beachtlicher Tatbestand vorangestellt: der an sich gute Erhaltungszustand der Kirche. Die baulichen Veränderungen haben, ebenso wie die Einrichtung und die Übermalung, die Wirkung des romanischen Bauwerkes über acht Jahrhunderte hinweg nicht wesentlich beeinträchtigt. Bedenkt man, wie viele romanische Kirchen umgebaut oder abgetragen wurden, so kann man daraus gewiß den Schluß ziehen, daß dieses eigenartige Denkmal stets eine starke Wirkung auf die Umwelt ausübte und auch deshalb bis gegen Ende des 18. Jahrhunderts unverändert erhalten blieb. Zuletzt hatte die Kirche von Schöngrabern nur noch lokale Bedeutung und wurde von den großen gotischen und barocken Bauten dieses Raumes übertroffen.

Die Pfarre „Unserer lieben Frauen" war um 1220/30 aus der Mutterpfarre Sankt Agatha in Hausleiten hervorgegangen und dürfte bis zum Ende des 13. Jahrhunderts im Besitz der Kuenringer gewesen sein. Als die Wallseer in den achtziger Jahren des 13. Jahrhunderts Besitzer der benachbarten Herrschaft zu Guntersdorf wurden, hören wir, daß auch das Pfarrlehen von Schöngrabern mit diesem Besitz verbunden war. Sogar der Landesfürst hatte Eigenbesitz in Schöngrabern, der an die Dachsberger und im 15. Jahrhundert nach deren Aussterben an die steirischen Stubenberger verliehen wurde. Am 5. November 1434 belehnt Herzog Albrecht V. (II.) Ulrich von Stubenberg mit Lehen zu Schöngrabern. Obrigkeit und Vogtei der Pfarrkirche von Schöngrabern gelangten dann über die Rechlinger im Jahre 1480 an das mächtige Geschlecht der Roggendorfer, die 1537 zu „Reichsgrafen auf Guntersdorf" erhoben wurden. 1580 war Mert Span zu Limberg Grundherr von Schöngrabern, 1584 wieder die Roggendorfer und von 1587 Andreas Freiherr von Teufel. Ende des 16. Jahrhunderts erfahren wir von der Einsetzung evangelischer Prediger, unter denen sich auch der Stuttgarter M. David Schweitzer befand, der als Pfarrer von Schöngrabern durch die Veröffentlichung einer Bußpredigt nach dem Erdbeben von 1590 bekannt wurde. 1684 findet man die Grafen Sereny und ab 1717 die Freiherren von Ludwigstorff im Besitz der Herrschaft. Immer wieder, so zeigte es der knappe Überblick, sind Persönlichkeiten von Format und weitreichenden Beziehungen die Grundherren.

Dieser generelle Überblick bedarf bezüglich der in der Kirche von Schöngrabern erhaltenen Fresken aus dem 14. Jahrhundert noch einer konkreten Überlegung. Im Jahre 1937 legten sie Dr. Seiberl und Dr. Walliser an der Südwand des Chorquadrates frei. Sie stellen eine Schutzmantelmadonna mit Stifter, die heilige Katharina, die heilige Margarete, König Oswald und Bischof Wolfgang von Regensburg dar.

Die Legende des heiligen Oswald, der die vom Kloster Lindisfarne ausgehende irisch-schottische Mission begünstigte, war übrigens Ende des 12. Jahrhunderts durch ein Wiener Spielmannsepos sehr verbreitet. Ein Umstand, der auf die Beziehung zu den schottischen Benediktinern schließen ließe. Die Darstellung des heiligen Wolfgang verweist auf die kirchlichen Bindungen zu Regensburg.

Der bedeutendste Fund an der Nordwand des Langhauses ist die zwischen den Fenstern liegende mächtige Christophorusdarstellung. Sie ist deshalb von Interesse, weil der Heilige mit Markgrafenhut und Hermelinmantel als Landesfürst dargestellt wird. Die unter dem Schildbogen aufgedeckte Jahreszahl 1466 stimmt mit dem Zeitpunkt überein, an dem der Bischof von Passau in Rom das Gesuch um die Heiligsprechung des Markgrafen Leopold III. einreichte. Stilistisch ist das Fresko um 1330 datiert worden, wonach man in die Regierungszeit Albrechts II. gelangt. Gewiß handelt es sich um die Darstellung des Landespatrons, dessen Heiligsprechung Rudolf IV. der Stifter (1358–1365) erstmalig betrieb, was eine spätere Entstehung wahrscheinlich macht und auch Rückschlüsse auf die Bedeutung der Kirche erlaubt. Neben dem Christophorus sieht man eine kleine Gestalt mit Nymbus, die vielleicht jener Einsiedler sein könnte, der dem heiligen Christophorus den Rat gab, Gott durch Werke der Nächstenliebe zu dienen.

Bescheidene Freskenreste, Rautenmuster und eine betende weibliche Gestalt kamen auch links vom Triumphbogen bei den Hängepilastern zum Vorschein. Der originellste Fund ist die vermutlich in Kohle ausgeführte Zeichnung an der Südwand des Langhauses, die einen kleinen Teufel mit Stelzfuß zeigt, der einer größeren geflügelten Teufelsgestalt eine Schreibtafel hinhält, auf der diese mit dem Federkiel Eintragungen vornimmt.

An der Nordwand des Chorquadrates befand sich ebenfalls ein Fresko, das aber – wie Nowotny in seinem Bericht im Jahre 1937 schreibt – „nur mehr in Spuren nachgewiesen werden konnte".

Von Interesse sind vorerst die Heiligenfiguren an der Südwand des Chores und der Christophorus im Langhaus. Beide gehören meines Erachtens zu einer stilistisch zusammenhängenden Gruppe. Überlegt man, welche bedeutende Persönlichkeit als Stifter in Frage käme, dann denkt man wohl am ehesten an Eberhard von Wallsee, der 1321 die Herrschaft Guntersdorf übernahm und damit auch, „wie von Alter ist herkommen", Patron der Kirche von Schöngrabern wurde. Die Wallseer, die mit König Rudolf von Habsburg aus Schwaben nach Österreich eingewandert waren, zählten zu den mächtigsten, einflußreichsten Geschlechtern im Lande und waren auch die engsten Vertrauten der Landesfürsten. Wenn man weiß, daß Eberhard von Wallsee unter anderem Stifter der Zisterzienserabtei Säusenstein (1334) und des Zisterzienserinnenklosters Schlierbach (1355) war, dann finden wir bei ihm jene Munifizenz, aber auch die fromme Gesinnung, die der Anlaß für den Schmuck seiner Patronatskirche in Schöngrabern gewesen sein könnte. Seine Beziehungen zu Oberösterreich würden auch die Darstellung der Heiligen Wolfgang und Oswald erklären. Wenn man weiter erfährt, daß Eberhard im Jahre 1364 von Herzog Rudolf IV. die Benennung seines Schlosses „Wallsee" urkundlich bescheinigt erhielt, dann kann man daraus nicht nur ein enges Verhältnis zum Landesfürsten entnehmen, sondern auch ein Argument für die herzogliche Erscheinung des Christophorusbildes finden. Die Jahreszahl 1466 über dem Fresko bringt einen weiteren Hinweis für solche Bezüge in der Zeit Kaiser Friedrichs III.

Anders verhält es sich meines Erachtens bei dem „Teufel mit dem Sündenregister", einer Zeichnung an der Südwand des Langhauses. Elga Lanc hat das Verdienst, diesem Themen- und Problemkreis eine eigene Studie gewidmet zu haben. Sie hat damit auch die Datierung, die ich in der ersten Auflage des Schöngrabernbuches aus vorliegenden Publikationen übernahm, korrigiert und vielfache Bezüge zu mittelalterlichen Darstellungen hergestellt. Die Datierung ins 14. Jahrhundert wirft jedoch weitere Fragen auf. Elga Lanc hat sicherlich recht, daß die Darstellung nicht aus den Bildvorstellungen der Reformation entstanden ist und auch stilistisch nicht dem 16. Jahrhundert eingeordnet werden kann. Ob Schöngrabern neben Aufenstein am Brenner die frühesten Darstellungen dieses Themas in der Malerei (gegen Mitte des 14. Jahrhunderts) bringt, möchte ich nicht behaupten. Fritz Novotny, dessen Bericht aus dem Jahre 1937 zitiert wird, hat wohl die Datierung um 1330 vorgeschlagen, doch finde ich die Zeichnung in Stil und Technik im Vergleich mit den Fresken sehr verschieden. Eine gleichzeitige Entstehung durch denselben Künstlerkreis halte ich nicht für möglich. Haben die Fresken einfache Umrisse, klare Binnenzeichnung und eine sehr flächige Farbgebung, so finden wir beim schreibenden Teufel nur eine schwarze Zeichnung ohne Farben. Diese Zeichnung charakterisiert, ist ausdrucksstark und sprechend in ihrer unmittelbaren Wirkung, ist nicht mehr stilisiert, was zu einer Datierung um die Mitte des 15. Jahrhunderts führt. Aus dem ergibt sich zunächst, daß nicht der Christophorus in Antithese zum Teufel gesetzt wurde, sondern daß der Vorgang gerade umgekehrt war und nicht dem gleichen Konzept entsprach. Dennoch fällt neuerlich die Tatsache ins Gewicht, daß die Thematik der romanischen Bildkunst – Gottesstaat und Teufelsstaat, Tod und Gericht – auch weiterhin nachwirkt. Dem heiligen Christophorus, der dem Teufel abschwor und dessen Anblick nach mittelalterlicher Vorstellung vor Unheil und plötzlichem Tod bewahren sollte, steht der Teufel gegenüber. Das Sündenregister gemahnt an das Gericht. Für die Stiftung dieses Freskos läßt sich kein historischer oder persönlicher Bezug feststellen.

Aus den Urkunden um die Mitte des 15. Jahrhunderts erfahren wir von einem regen kirchlichen Leben, von einem eigenen Kaplan für die Frühmessen, ferner von Meßstiftungen, die 1457 für den St.-Bernhardins-Altar in der Pfarrkirche zu Schöngrabern ausgefertigt sind. Zu erwähnen wäre dazu, daß der hl. Bernhardin von Siena, der große Missionsprediger, Reformator und Generalvikar der Franziskaner, im Jahre 1455, also elf Jahre nach seinem Tod (1444), heiliggesprochen wurde. Schon zwei Jahre nachher wird er durch die Meßstiftung verehrt, was doch neuerlich für die Bedeutung der kleinen Kirche in Schöngrabern spricht. Wir erfahren ferner von einem zur Kirche gehörenden Pfarrhof und von dem ,,gemeinen Diener dieser Pfarrkirche, den man Schulmeister nennt".

Das weitere Schicksal der Kirche wird erst wieder im 18. Jahrhundert durch Umbauten und Veränderungen im Inneren belegt. Aus der Zeit der Renaissance und des Hochbarock ist uns heute außer dem Hochaltar und einiger Inschriften nichts mehr überliefert, so daß wir, wie bereits erwähnt, annehmen können, daß der romanische Bau im wesentlichen unverändert geblieben ist. Gegen Ende des 18. Jahrhunderts werden beim Neubau des Westturmes die ehemaligen Steingewölbe über dem Kirchenschiff abgetragen und durch hölzerne Verschalung ersetzt, um die Außenwände durch den starken Gewölbeschub nicht mehr zu belasten. Außerdem wurden im Bereich der Wandpfeiler eigene Gewölbeschließen und ein Doppelboden zur Aufhängung der Holzgewölbe eingezogen.

Anlaß für diese Veränderungen waren die kirchlichen Reformen Kaiser Josefs II. Aufhebungen und Zusammenlegungen sollten größere, wirksame Pfarrsprengel schaffen und Schöngrabern war als Pfarrkirche dieses Raumes ausersehen worden. Schon 1760 ist die Filiale Windpassing eingepfarrt worden, 1784 wurde die Wallfahrtskirche Maria-Bründl, die in Schöngrabern lag, aufgehoben und abgetragen. Die Gnadenstatue der Bründlkirche wurde in den barocken Hochaltar der Pfarrkirche eingesetzt. Die Steine der abgetragenen Wallfahrtskirche sollen für die Fundamentierung des Westturmes der Schöngraberner Kirche verwendet worden sein. 1791 war die Restaurierung abgeschlossen. Die weiteren Fragen, die sich nun ergeben, richten sich sowohl nach der ehemaligen Erscheinung der Kirche wie auch nach der Absicht dieses Umbaues.

Die Rippenstücke, die auf den kleinen Dreiviertelkonsolen in den Ecken der Pilaster aufruhten, sind nicht mehr erhalten; auch Bruchstücke fehlen. Untersuchungen am Dachboden brachten bezüglich solcher Rippenansätze einige Anhaltspunkte. Ob die Steine und Rippen des ehemaligen Schiffgewölbes im Pfarrhof oder in den Wirtschaftsgebäuden eingebaut wurden, ist nicht geklärt. Die bisher aufgefundenen Bauteile gehören alle zum Chorquadrat, zur Westempore und vermutlich auch zum Westwerk. Von der Empore sind beide Kapitelle und eine Basis erhalten. Aus ihrer Form kann man entnehmen, daß sie teils in die Schiffwände eingelassen waren. Die Form des Emporenbogens zeichnet sich im westlichen Joch des Schiffes deutlich ab. Ob, wie Köstler meint, die Westempore drei Gewölbekappen hatte, ist nicht nachweisbar.

Schwieriger ist die Frage nach der ursprünglichen Westfassade zu beantworten. Der spätbarocke Turmbau, der dem romanischen Langhaus vorgelegt wurde, brachte – und das ist zu beachten – keinen wesentlichen Raumgewinn. Der um eine Fensterachse verlängerte Bau schuf nur der schmalen Orgelempore Platz, gab dem Schiff einen kleinen Vorraum und einen Abstellraum. Eine Vergrößerung war damit nicht erreicht. Der josefinischen Reform schien es vielmehr darum gegangen zu sein, diese kleine altertümliche Kirche den pfarrlichen Erfordernissen ein wenig anzupassen; diesem Zweck sollte der Orgelchor für musikalische Aufführungen, gewiß auch der weithin sichtbare Turm dienen. Bedenkt man, daß der Turm eigentlich der hauptsächliche Bestandteil des Zubaues ist, dann muß man sich neuerlich die Frage nach dem alten Ostturm vorlegen. Die Art des Zubaues läßt nämlich vermuten, daß die einst turmlose Kirche erst in spätbarocker Zeit ein solches Wahrzeichen erhalten hatte.

Eine Notiz, die der Pfarrer Paul Watzl in Erinnerung an das Jahr 1840 in das Gedenkbuch eintrug und die besagt, daß ein alter Mann sich noch an einen Turm im Osten erinnern konnte (die Glockenseile hingen vor dem Hochaltar herab), wurde seither als urkundliches Zeugnis für einen Ostturm angesehen. Gewiß soll nicht in Abrede gestellt werden, daß sich über dem Chorquadrat ein kleiner Glockenturm in der Art eines Dachreiters befunden haben könnte. Muß man aber deshalb auf einen romanischen Ostturm, wie wir ihn als Bautypus im Wald- und Weinviertel kennen, schließen? Eine Abmessung der Mauerstärke, die den Turmkörper mit aller Deutlichkeit anzugeben vermag, zeigt eine Verbreiterung um nur 10 cm; die Mauer des Schiffes mißt 1,10 m, die des Chorquadrates 1,20 m. Am Dachboden lassen sich auch keine Spuren eines Turmaufbaues feststellen, weder über dem Triumphbogen noch über der Apsis. Außerdem ist die Nordmauer nicht im Winkel, so daß das Chorquadrat bei der Apsis um 53 cm breiter ist. Zieht man weiters in Betracht, daß sich in der Mauer kein Treppenaufgang feststellen läßt, dann hat man ein zusätzliches Argument gegen einen romanischen Ostturm. Außerdem finden sich Rundfenster über paarweise zusammengefaßten Fenstern zwar an Fassaden und Querschiffen, kaum aber an Turmuntergeschossen. Fügt man diesen Überlegungen noch hinzu, daß erst in diesem westlichen Erweiterungsbau an der Südseite des Turmes eine Wendeltreppe eingebaut wurde, dann kann man daraus schließen, daß ein entsprechender Zugang zu einem Dachobergeschoß bisher fehlte.

Auch der Außenbau gibt deutliche Anhaltspunkte, die gegen einen selbständigen Turmkörper sprechen. Man erkennt dies in der zur Apsis abfallenden Gesimshöhe, in dem Rhythmus der Fenster, vor allem aber in der Tatsache, daß die Gliederungen von Schiff- und Chorquadrat nur auf die Längsfassaden bezogen sind und nicht um die Ecke geführt werden. Man kann dies von der Apsis aus an den nach Osten gerichteten Wänden ebenso feststellen wie an den hängenden Lisenen des Sockelgeschosses. Keine Gliederung greift auf die Ostfassade über, nichts weist auf einen Turmkörper, auf eine Betonung der Ecken hin. Selbst die Ostfront des Chorquadrates führt das Dachgesims nicht weiter, obwohl Quadersteine höher hinaufreichen, was auf eine Giebelmauer schließen läßt. Nachdem sich die 1962 zum erstenmal vorgetragene Feststellung, daß die Kirche turmlos war, allmählich durchgesetzt hatte, wurde 1976 von Mario Schwarz das Bestehen eines Westturmes zur Diskussion gestellt. Er wird von ihm an Stelle des heutigen barocken Turmes angenommen.
Dieser Ansicht ist entgegenzuhalten, daß die an der Süd- und Nordwestecke des 16

Langhauses um die Ecke laufenden Sockel und Kranzgesimse keinen Zweifel darüber lassen, daß die romanische Kirche hier tatsächlich ihren Abschluß gefunden hatte. Dies wird auch noch durch einige Wandproben bewiesen. Bei Suchschlitzen, die man im barocken Mauerwerk in der nördlichen Turmkammer zog, stieß man auf die romanischen Quadern der ehemaligen Westwand. Oben auf der Orgelempore ist solch ein Suchschlitz sogar offen geblieben. Man sieht hier deutlich die um die Ecke laufenden Konsolenprofile. Leider versagen die mächtigen Turmpfeiler eine umfassendere Untersuchung.

Ein Hinweis auf eine reiche Arkatur, wie man sie auf dem im Pfarrhof befindlichen Modell rekonstruierte, konnte nicht gefunden werden. Der Rest eines Bogenfrieses und Zahnschnittes läßt auch keine steigenden Formen (wie an der Westfront der Stiftskirchen von Heiligenkreuz oder Baumgartenberg) erkennen. Eher könnte man auf Grund der Funde ein Westfenster mit einem freistehenden Säulchen annehmen. Der im Niederösterreichischen Landesmuseum befindliche Portallöwe und die jetzt im westlichen Schiff an der inneren Nordwand eingemauerten drei Apostelfiguren sind ein möglicher Hinweis auf den Schmuck der Westfront. Der stilistisch von West nach Ost nachweisbare Fortschritt des Baues und der gegen die Apsis stets reicher werdende Schmuck deuten aber auf eine nicht sehr aufwendige Lösung im Westen hin; der künstlerische Hauptakzent war jedenfalls der Apsis vorbehalten. Besonders gezierte Westwerke waren an den romanischen Kirchen des 12. und 13. Jahrhunderts in unserem Raum nicht üblich. Weiters ist zu bedenken, daß man im späten 18. Jahrhundert den alten Kunstwerken nicht mehr völlig verständnislos gegenüberstand, sondern meist schonungsvoll mit ihnen umging; selten kam es zu einer völligen Zerstörung besonders kunstvoller Bauten. Ein reiches Westwerk müßte meines Erachtens in Schöngrabern mehrere Spuren hinterlassen haben. Man stelle sich ferner vor, welchen Aufwand die Abtragung eines romanischen Westturmes erfordert hätte und dies gerade in dem so sparsamen josefinischen Zeitalter. Unverständlich wäre es auch, daß man einen vorhandenen Turm abträgt, um an eben dieser Stelle einen neuen zu errichten. Da hätte man doch eher einen Ausbau des oberen Turmgeschosses vorgenommen. Nach all diesen an Ort und Stelle durchgeführten Überprüfungen und Vergleichen mit anderen Bauten kommt man daher immer wieder zu der Überzeugung, daß in Schöngrabern weder ein Ost- noch ein romanischer Westturm bestanden hat.

Nach der josefinischen Adaptierung der Pfarrkirche mit Westturm und Orgelchor, Erneuerung der Gewölbe und Anfügung einer Sakristei wird im Pfarrgedenkbuch im Jahre 1840 vom Anbau einer neuen Sakristeikapelle berichtet. Auch soll um 1840 das Gewölbe über dem Chorquadrat durch ein hölzernes ersetzt worden sein, wobei man, wie es noch vor zwei Jahren erkennbar war, die Form der alten Rippen genau nachgeahmt hatte. Am Dachboden selbst findet sich für eine solche spätere Neugestaltung des Chorquadrates kein Anhaltspunkt. Die Aufmauerung über dem
 Rundbogenfries findet sich schon auf der Titelvignette in „Österreichs Tibur“ aus

dem Jahre 1819 (S. 72); der Dachstuhl ist über Orgelchor, Schiff und Chorquadrat einheitlich konstruiert.

Beim Abbruch der Sakristeikapelle fand man im Mauerwerk den Schlußstein des Chorquadrates mit zahlreichen Rippenstücken. Daß der romanische Schlußstein noch bis 1840 an Ort und Stelle war, ist anzunehmen, aber durch keine Nachricht erwiesen. In der älteren Literatur finden nur die Evangelisten über den Chorsäulen Erwähnung. – Im Jahre 1866 gab ein Blitzschlag den Anlaß, das einfache Pyramidendach des Turmes durch den neubarocken Turmhelm zu ersetzen.

Im 19. Jahrhundert war das Interesse an Schöngrabern erwacht, zunächst am geheimnisvollen Skulpturenzyklus, dann aber auch am Bauwerk selber, das 1872 einer historisierenden Restaurierung unterzogen wurde. Die Architektur des Chores wurde bis zum Triumphbogen mit leuchtenden Farben und goldenen Ornamenten im sogenannten ,,romanisch-byzantinischen" Stil übermalt. Auch die Evangelistensymbole über den Chorsäulen und dem barocken Hochaltar hatte man, wie dies aus alten Photographien zu entnehmen ist, in dieses Dekorationssystem einbezogen. Die beiden Sakramentsnischen erhielten neuromanische Gitter, die vor zwei Jahren entfernt und deponiert wurden. Um diese Zeit sind auch die 14 Kreuzwegbilder angeschafft worden.

Anlaß zu solchen Reromanisierungen waren die neuen Erkenntnisse über die ehemals bunte Fassung mittelalterlicher Architektur, die, wie man glaubte, dem Unverständnis späterer Zeiten weichen mußte und die nun wieder, noch prunkvoller, hergestellt werden sollte. Außerdem hatte die österreichische Spätromantik, um hier auf die Ausmalung der Altlerchenfelder Kirche in Wien zu verweisen, ein solches Dekorationssystem auch als ihr eigenes künstlerisches Ideal angesehen. Obwohl in Schöngrabern selbst die Meinung vertreten wurde, ,,die ganze Kirche abzukratzen und sie mit ihren Steinen und der natürlichen Steinfarbe an das Tageslicht treten zu lassen", siegte der Zeitgeschmack. Auch die Wiener Dombauhütte und die k. k. Zentral Kommission für Erhaltung der Baudenkmale waren für eine ,,stylgerechte Bemalung". Freilich war unter diesem feierlichen Gewand die Sprache der Kunstwerke zugedeckt worden. Immerhin hatte man zum erstenmal etwas für das romanische Baudenkmal selber getan.

Die Jahrhundertwende brachte einen Umschwung in dieser Auffassung, um hier nur etwa an die Rettung der Barockaltäre in St. Stephan oder an die Erhaltung des ursprünglichen Zustandes des Wiener Riesentores zu erinnern. Dieses neue positive Verhältnis zum historisch gewachsenen Baudenkmal wirkte sich auch in Schöngrabern aus. Im Jahre 1907 wurde der aus dem späten 18. Jahrhundert stammende Verputz entfernt, Quadern und Rundbogenfries und Zahnschnitt freigelegt sowie das romanische Südportal und ein Kastenrelief westlich davon aufgedeckt. Die Apsis war scheinbar nie übermalt worden. Eine wissenschaftliche Publikation von J. A. Endres folgte 1910/11. Aus diesem Bericht, der sich vornehmlich mit der Interpretation der Skulpturen befaßte, erfahren wir auch von den drei Apostelreliefs, die man bei Grabungen im Friedhofsbereich gemeinsam mit alten Werkstücken gefunden hatte. Sie waren zuerst an einem Getreidespeicher, dann am Wirtschaftsgebäude des Pfarrhofes eingemauert. 1907 wurden sie an der Westwand der Friedhofsmauer angebracht. Der Portallöwe und ein Emporenkapitell, vermutlich aus den gleichen Grabungen (wahrscheinlich im Zusammenhang mit der Friedhofsaufhebung – der neue Friedhof an der Straße nach Mittergrabern wurde 1905 geweiht) waren bereits in die Sammlung des Lokalhistorikers Friedrich Widter gelangt und dem 1911 eröffneten Niederösterreichischen Landesmuseum übergeben worden. Die vielen kriegerischen Ereignisse, der Hussitensturm (1425), der Durchzug schwedischer (1645) und polnischer Truppen (1683) haben an dem Bauwerk keine großen Zerstörungen angerichtet. Selbst die Kämpfe gegen die Preußen (1742) und die Franzosenkriege der Jahre 1805 und 1809, an die südlich von Schöngrabern ein Gedenkstein des Jahres 1909 erinnert, zogen das Kunstdenkmal nicht in Mitleidenschaft. Die Beschädigungen der Skulpturen durch französische Kanonenkugeln sind gewiß in den Bereich der Legende zu verweisen. Die Zerstörung des Westwerkes in dieser Zeit ist reine Erfindung. Die kriegerischen Ereignisse aber zeigen neuerlich, an welch einer bedeutsamen Durchzugs- und Verkehrsstraße Schöngrabern lag.

Als im Jahre 1930 der 700jährige Bestand der Kirche – das Datum war eine Annahme – mit einem Festgottesdienst, den Kardinal Dr. Piffl zelebrierte, feierlich begangen wurde, war für das Baudenkmal selber nichts unternommen worden. Erst sieben Jahre später begann die umfangreiche Restaurierung des Inneren. Im Chor wurden die Rundfenster geöffnet, die Dekorationsmalerei entfernt und dabei die schon erwähnten Fresken gefunden. In der Apsis kam ein großer Stein zum Vorschein, auf dem sich einst eine figurale Szene befunden haben dürfte, die von Fritz Novotny näher interpretiert wurde. Auch an den Säulenbasen und Sockeln wurden Skulpturenreste festgestellt. Das Langhaus hatte man von seiner barocken Ummantelung befreit. Hinter den Pfeilern, teils aus Ziegeln aufgeführt, die mit dem Monogramm „Maria" versehen waren, fand man die romanischen Hängepilaster, die nun erst zutage kamen. Damals entdeckte man auch das Christophorusfresko und die Zeichnung des schreibenden Teufels. Es ist interessant zu sehen, wie die Romanik immer mehr ihre Rechte forderte. Von den barocken Seitenaltären wurde der rückwärtige Aufbau abgetragen, der die romanischen Gliederungen zu sehr verdeckt hatte; nun wurden die Statuen freigestellt. Auch der Schalldeckel der Kanzel, der dem Christophorusfresko im Wege war, wurde abmontiert, die Apostelfiguren in das Innere der Kirche übertragen und an der Nordwand, dort wo sich einst die Orgelempore befand, eingemauert. Diesen Zustand des Kircheninneren zeigt noch die erste Auflage des Buches im Jahre 1962.

Zu Beginn der sechziger Jahre war eine neue Phase von Restaurierungsarbeiten eingeleitet worden, die vor allem die äußere Erscheinung betrafen. Anlaß war die Errichtung eines Kriegerdenkmals, dessen Aufstellung vor der Südfassade der Kirche geplant war. Im Zuge der ersten Planungen, die im Jahre 1959 begannen, war zunächst die Schaffung eines Platzes vor der Kirche vorgesehen. Doch dieses Vorhaben hatte weitreichende Folgerungen. Die hohe Mauer, die den Pfarrhof mit der Kirche verband, hinderte den Blick zur Apsis. Sakristei und Kapelle im Süden verdeckten die schöne Quaderwand und störten die Wirkung der Kirche empfindlich. So weitete sich die Planung eines Kriegerdenkmals zu einem generellen Sanierungskonzept aus, das von Pfarre und Gemeinde gleichermaßen vorangetrieben wurde. Es kam zur Abtragung der Friedhofsmauer, die durch ein transparentes Gitter ersetzt wurde. Kapelle und Sakristei wurden entfernt, dafür im Norden, nahe dem Turm eine schlichte Wochentags- oder Beichtkapelle mit Sakristei angebaut, die dort am wenigsten als störend empfunden werden konnten. Man hatte damit viel gewonnen. Die Südfassade der Kirche war frei, die Apsis zugänglich und sichtbar gemacht worden. 1962, als diese Arbeiten noch im Gange waren, hatte man bereits einen wertvollen Fund gemacht, das zweite romanische Kapitell der Westempore, das in einem abgetragenen Mauerwerk eines Wirtschaftsgebäudes östlich der Apsis zum Vorschein kam. Kurz nachdem das Schöngrabern-Buch im Jahre 1962 der Öffentlichkeit übergeben wurde, gelang noch eine zweite, viel bedeutendere Entdekkung: die Auffindung des romanischen Schlußsteines und zahlreicher Rippenstücke von der ehemaligen Wölbung des Chorquadrates. Als das Kriegerdenkmal am 21. Juni 1964 feierlich geweiht wurde, konnte auch für Schöngrabern eine sehr erfreuliche Bilanz gezogen werden: das Äußere der Kirche und ihr Umraum waren in einen bestmöglichen Zustand versetzt worden.

Im Jahre 1964 wurden die neuen Funde auch im Rahmen der Romanikausstellung in Krems vorgestellt und im Katalog bearbeitet. Nun war auch die Wissenschaft die Triebfeder für weitere denkmalpflegerische Maßnahmen. Die Rekonstruktion des Chorgewölbes wurde mehrfach gemeinsam mit Prof. Dr. Fritz Novotny beim Bundesdenkmalamt schriftlich angeregt, bis es dann nach Neuübernahme der Pfarre zu den ersten konkreten Plänen und zu einem Finanzierungsprogramm kam. Außerdem sollte die Kirche eine Heizung erhalten, was im Inneren umfangreiche bauliche Maßnahmen und Grabungen erforderte. Schließlich wurden beide Vorhaben – die Anliegen der Denkmalpflege und die Neugestaltung des Kircheninneren – miteinander kombiniert. Das Chorquadrat erhielt, großteils aus originalen Werkstükken, sein ehemaliges Rippengewölbe mit dem figuralen Schlußstein, der romanische Altarstein trat wieder in Funktion und die Reste der barocken Einrichtung: Hochaltar, Seitenaltäre und Kanzel, wurden entfernt. Außerdem konnten bei Grabungen im Chorquadrat die schon 1840 festgestellten Priestergräber neuerlich untersucht werden. Sie boten allerdings keine weiteren historischen Anhaltspunkte. Immerhin war die immer wieder auftauchende Frage, ob die Kirche von Schöngrabern eine Krypta mit Stiftergrab gehabt hätte, untersucht worden. Obwohl das Fehlen einer solchen Unterkirche bereits durch den Bautypus feststand, war nun jeglicher weiteren Spekulation die Voraussetzung entzogen. Die Grabungen hatten auch über das ehemalige Niveau des Fußbodens Auskunft gegeben.

Dem jüngsten Schicksal der romanischen Kirche von Schöngrabern wurde hier deshalb mehr Aufmerksamkeit geschenkt, weil sich in den verschiedenen Maßnahmen doch deutlich zeigt, wie eins ins andere greift, wie ein Kunstwerk immer stärker nach seiner ursprünglichen Wirkung verlangt. In den Restaurierungen und Rekonstruktionen erkennen wir eine innere Folgerichtigkeit, als hätte es so kommen müssen. Den letzten Schritt in dieser Hinsicht brachte die Errichtung eines Lapidariums und einer damit verbundenen Dokumentation. Zwei Anliegen waren die Triebfedern dazu: Bewahrung und Schutz der romanischen Skulpturen und Architekturreste und die notwendig gewordene Information über das Kunstwerk. Die Führungen im Pfarrhofgarten, die einst nur vom Pfarrer selber gehalten wurden, waren in diesem Umfang längst nicht mehr möglich. Den vielen Kunstfreunden, die nun nach Schöngrabern kamen, fehlte aber meist die entsprechende Einführung in die Geschichte und die geistige Botschaft des Kunstwerkes. Beides will das kleine informative Museum bieten. Vor allem sollten die Diskussionen vom Andachtsraum weitgehend ferngehalten werden. Das Museum bietet in unmittelbarer Nachbarschaft seine Dienste an.

Glücklicherweise gelang es, für dieses Lapidarium einen Raum zu finden, der selbst ein baugeschichtliches Dokument ist: das Erdgeschoß des Pfarrhofes. Schon in der ersten Auflage des Buches wurde die Geschichte des Pfarrhofes, der bereits im 15. Jahrhundert genannt wird, kurz gestreift. Sicher gehörte er – dies zeigt schon seine Lage – von altersher zur Kirche, vermutlich war er sogar mit der Stiftung von Anbeginn verbunden. Es hat in dieser Hinsicht wenig zu sagen, daß sich der Pfarrhof im 18. Jahrhundert an einer anderen Stelle im Ort befunden haben soll. Die Wohnung des Pfarrers im Obergeschoß des Pfarrhofes deutet mit ihrem Ziegelmauerwerk auf das späte 18. Jahrhundert. Der sogenannte Keller aber, das Erdgeschoß des Pfarrhofes, gibt weiter zurückreichende historische Anhaltspunkte. Die jüngste Restaurierung dieses Raumes hat die Wände bloßgelegt und erlaubt nun exaktere Feststellungen, als dies noch im Jahre 1962 möglich war. Das Mauerwerk der Nord- und Westwand besteht aus mittelalterlichen Bruchsteinen. Anläßlich der Errichtung des Obergeschosses für den Pfarrhof mußten Pfeiler als Widerlager für die Gewölbe, ferner die Süd- und Ostwand errichtet werden. Beim Bau dieser Pfeiler und Wände wurden romanische Quadern, Spolien von der romanischen Kirche, mitverwendet, so daß die schon 1962 ausgesprochene Vermutung, daß diese Steine von dem nach 1784 abgetragenen Westwerk stammen könnten, durchaus zutreffen kann. Es ist sehr interessant, in diesem später errichteten Mauerwerk verschieden bearbeitete Werkstücke, Profile, Eckquader und Basen zu entdecken, die auf ihre ehemalige Verwendung schließen lassen und teils auf die Romanik, teils auf gotische Umbauten zurückgehen. Das mittelalterliche Erdgeschoß wurde also im späten 18. Jahrhundert adaptiert und darüber ein neues Obergeschoß errichtet. Eine Stiege im Westen zeigt die ehemalige Verbindung zum Wohngeschoß.

 In diesem Lapidarium finden wir das neuentdeckte Emporenkapitell mit Basis, den Abguß des Schlußsteines, dessen Details hier näher betrachtet werden können, Teile eines Fenstergewändes, Rippenstücke, ein Säulchenkapitell in Würfelform, Profile des Rundbogenfrieses und auch jenen Rest einer Figur, von dem schon Novotny berichtete und der dem Westwerk zugeordnet wird. Ein Abguß des Löwen und des zweiten Orgelkapitells (heute im NÖ Landesmuseum) komplettieren die vorhandene Bauplastik. – Die Fotodokumentation erklärt den Bau, das geistige Konzept des Figurenprogrammes und vermittelt durch Großaufnahmen die eindringliche Wirkung der Bildsprache. Zuletzt werden auch allegemeine Bezüge zum Heute hergestellt.

Es ist verständlich, daß die jüngsten Restaurierungen der Kirche auch für den Gottesdienst von Bedeutung sind. Die barocken Andachtsbilder wurden aus der Kirche genommen. Der Raum wirkt nun ohne spätere Zutaten, er selber offenbart sich in seinem sinnbildhaften geistigen Konzept. Architektur und Plastiken sprechen den Besucher der Kirche unmittelbar an und legen ihm ein großartiges, aber ernstes Weltbild vor. Es ist einzusehen, daß diese neue, nun viel nüchternerne Wirkung des Raumes zunächst ein Befremden auslöste, da sie eine ganz andere Betrachtungsweise erfordert. Die bunten Bilder des Barock fehlen. Auch wird man die gewohnte Einrichtung vermissen, die den Blick auf sich zog. Dafür ist eine ursprünglichere und auch stärkere Kraft freigeworden. Man erlebt den Raum in seinen Elementen und in seiner geistigen Bestimmung: das Kirchenschiff für die betende Gemeinde, den Chor für die Gebete des Priesters, und schließlich die Altarnische für die Darbringung des Meßopfers. Die Lichtquellen der Fenster, der von Säulen getragene Baldachin der Wölbung können in ihrer sinnbildhaften Bedeutung besser verstanden werden. Die Skulpturen geben dem Raum seine Sprache. Dieser geistigen Botschaft von Schgöngrabern wenden sich nun die folgenden Kapitel dieses Buches zu, jenem Düsteren, das vielfach im Gegensatz zum Heute steht.

Die Architektur als Bedeutungsträger

Schnitt, Grund- und Aufrisse S. 162–164,
Anmerkungen S. 165

Um das Wesen dieser romanischen Kirche deutlich darstellen zu können, müssen wir ihr geistig-formales Konzept zu erkennen trachten und uns dabei weder durch stilistische Ableitungen oder Vergleiche beirren lassen. Diese kunstgeschichtlichen Betrachtungen sollen erst in zweiter Linie Beachtung finden. Zunächst geht es um den Symbolwert der Architektur, den uns eine genaue Beschreibung erkennen läßt.

Der Bau ist klein, in seinen Elementen klar gegliedert und funktionsbezogen. Schon außen an den Fassaden sind die einzelnen Bauteile gut erkennbar: das Schiff, das Chorquadrat und die halbkreisförmige Apside. Zu ihr hin, also nach Osten zu, sehen wir ein stufenweises Absinken: das Schiff ist der höchste Bauteil, das Chorquadrat ist gerade um die Höhe des Rundbogenfrieses (mit Zahnschnitt) abgesenkt und die Apside ist der niedrigste Bauteil. Zuerst reduziert sich die Höhe um einen halben, dann um zwei Meter. Die Sockelgesimse verhalten sich anders. Sie sind an Chorquadrat und Apside gleich, gegen das Schiff aber doppelt so hoch. Auch die gliedernden Elemente sind rhythmisiert. Während die Apsis gesondert behandelt ist, sind Chorquadrat und Schiff durch ein horizontales Gesimsband zusammengefaßt. Bei näherer Betrachtung sieht man allerdings auch hier Unterschiede. Das Chorquadrat ist länger als einer der drei Teile an der Sockelgliederung des Schiffes, jedoch kürzer als einer der beiden Teile des Obergeschosses; dadurch entsteht eine optische Verklammerung. Dieses Prinzip ist an der Nordfront des Langhauses am besten zu beobachten. An den Ecken des Schiffes sind die vom Obergeschoß herabführenden Lisenen auch unterhalb des Kranzgesimses fortgesetzt, um jedoch nach etwa drei Quaderschichten von kleinen Konsolen abgefangen zu werden. Dieses Herabhängen der Gliederung, die ihrer von unten aufragenden Stützen beraubt ist, erhält in der Mitte der Schiffwände eine kunstvolle Variante. Das zweigeteilte Obergeschoß ruht nämlich auf einem dreigeteilten Untergeschoß. Die mittlere Lisene endet bereits am Kranzgesims; die beiden hängenden Lisenen unterhalb, die links und rechts davon jene Dreiteilung des Untergeschosses bewirken, unterstützen das Gesims wie Konsolen. Für die architektonische Ordnung ist es entscheidend, daß diese Hängelisenen unter die zwei mittleren Fenster des Schiffes zu liegen kommen, wodurch sie in die Fassadengliederung eingebunden sind. Dadurch entsteht der Eindruck einer gewissen optischen Balance, die dem Quadernbau sowohl seine kubische Separierung als auch seine lastende Schwere nimmt.

Die Anzahl der Rundbogen, mit denen die Gesimsfriese geschmückt sind, geben weitere interessante Verhältnisse. Am Sockel des Schiffes sehen wir dreimal neun Rundbogen, an dem des Chorquadrates elf Bogen, eine Anzahl, die dem Obergeschoß des Schiffes entspricht. Das Obergeschoß des Chorquadrates hat acht Bogen. Der Rundbogenfries ist in den Geschossen verschieden behandelt; er ist am Sockel zweifach und am Obergeschoß dreifach (mit Zierprofilen) abgetreppt. Diese reicher werdende Gliederung ist auch an den Fenstern erkennbar. Am Chorquadrat sehen wir über den schmalen Öffnungen je ein Rundfenster, das einen Dreierrhythmus vorbereitet, der dann an der reicher gegliederten Apsis voll zur Wirkung kommt. Die Fenstergruppe des Chorquadrates ist außerdem leicht nach Westen verschoben, wodurch eine stärkere Bindung zum Schiff und eine gewisse Spannung gegen die Apsis zu erreicht ist.

Die Südfront weist – vor allem durch die Einfügung des Portales – Unregelmäßigkeiten auf. Die Hängepilaster werden auch hier nur an den Ecken tiefer geführt. Der Mittelpilaster aber erhält eine schmälere, vom Boden aufragende Stütze, die das Portal an der rechten Seite rahmt; dem entspricht links davon eine dazu symmetrische Lisene. Dadurch entsteht bei den Rundbogen ein geänderter Rhythmus. Das Sokkelgeschoß des Schiffes hat im Westen acht Bogen, über dem Portal fünf und fünfzehn (dreimal so viele) gegen Osten. Das Obergeschoß hat im Westen zehn, im Osten elf Rundbogen wie an der Nordfront. Die Südfassade des Chorquadrates ist genauso wie die im Norden gegliedert: unten elf Bogen, oben acht. Auch im Süden ist eine gewisse Proportion der Zahlen festzustellen.

Die Apsis hat sich aus dieser Verklammerung der Motive fast ganz gelöst; nur in den Basisprofilen ist sie in die Gesamtgliederungen einbezogen. Über kantigen Basen steigen vier große Halbsäulen auf, die den Rundbogenfries der Apsis – je sechs Bogen über den Feldern – tragen. Das Motiv der hängenden Lisenen und Pilaster, die wir an Schiff und Chorquadrat beobachten konnten, ist hier durch eine von unten aufragende Säulengliederung ersetzt; das Rundplastische dominiert über die flächigen Wandelemente, Fries und Gesimsband setzen die horizontale Gliederung des Schiffes nicht fort.

Da wir uns mit der Apside noch später eingehender befassen werden, wollen wir hier vorerst nur feststellen, daß sie dem Bau wohl zugeordnet ist, aber doch ein Eigenleben in Gliederung und Bildsprache führt. Darin kann man eine fortschreitende Stilentwicklung und eine Akzentuierung sehen. Auch die Steinmetzzeichen, die am Schiff und Chorquadrat gleich sind, erfahren an der Apside eine gewisse Wandlung. Daß dies jedoch auf keine Änderung des Konzeptes schließen läßt, beweisen nicht nur einige gleiche Zeichen, sondern vor allem das einheitliche Skulpturenprogramm. Erkennen wir, vom Westen nach Osten betrachtet, ein Absetzen der Apsis, so finden wir, vom Osten nach Westen gesehen, durch die Tierskulpturen an den Ecksockeln eine Bezogenheit, die hin zum Altarraum führt.

Eine Betrachtung der Fassaden kann nur einen ersten Eindruck von der geistig-künstlerischen Ordnung der Architektur vermitteln. Die Vorstellung, die wir von der Kirche beim Herumschreiten empfangen, verlangt nun nach einer Orientierung, die der Grundriß zu geben vermag. Er zeigt uns, was die Lisenen- und Fensterordnung der Fassaden bereits erkennen ließ, daß sich das Langhaus in zwei annähernd quadratische Joche teilt. Dieser Raum öffnet sich im Osten in das schmälere Chorquadrat, das von der kleineren halbrunden Apsis abgeschlossen wird.

Im Raum selber läßt diese sich einengende und stets reicher werdende Gliederung keinen Zweifel über die künstlerische Steigerung hin zum Altarraum. Einst gaben die Halbsäulen und die reichen Kapitelle der nicht mehr erhaltenen Westempore den ersten Auftakt. Ihr Dekor hat aber keinen direkten Bezug zum Kirchenschiff, sondern zum Triumphbogen und zum Chorquadrat, was die geistige Bedeutung der Westempore charakterisiert. Das Schiff ist im Grunde als Einheit zu betrachten. Die Gliederung der Seitenwände wirkt durch ihre starke plastische Kraft, trennt aber den Raum nicht. Diese Plastizität ist keinesfalls von architektonischer Notwendigkeit bedingt. Oben am reich profilierten Kapitell erkennt man die drei gliedernden Elemente am deutlichsten: den breiten, flachen Pilaster, auf den ein stärkerer, aber schmälerer in der Mitte aufgesetzt ist, und dann die Dreiviertelsäulchen in den Ecken. Während die Dreiviertelsäulchen in der Höhe der Abtreppung des Mittelpilasters bereits oben knapp unter dem Kapitell enden, wird der Mittelpilaster tiefer geführt. Dort, wo er in einem Viertelbogen in die Wand verläuft, verjüngt sich der breitere flachere Wandpilaster, wird schmäler, um schließlich, dreifach abgestuft, in der Mitte abwärts greifend in die Wand zu verlaufen; eine sehr kunstvolle Gliederung von fast barocker Plastizität.

Die drei Wandelemente, die im Gesims zu einer dekorativen Einheit verbunden sind, tragen die Gewölbekonstruktion. Die flachen Pilaster sind die Widerlager für die hohen Verstärkungsbogen entlang der Seitenwände, die mittleren stärkeren Pilaster für die jochtrennenden Gurtbogen und die Ecksäulchen für die diagonal gespannten Gewölbe. Daß diese Ecksäulchen tatsächlich Rippen trugen, ist einem Bericht im Pfarrprotokoll des Jahres 1937 zu entnehmen; damals soll man die halbkreisförmigen Ansätze der Gewölberippen festgestellt haben. Eine flache Holzdecke scheidet mit Sicherheit aus.

Einen ähnlichen Wandpilaster wie im Schiff, allerdings um die Ecke geführt, sehen wir vor dem Triumphbogen und etwas einfacher am Triumphbogen selber. Neben diesen Hängepilaster treten bereits je zwei durchgehende, vom Boden aufragende Säulen, die den Bogen zum Chorquadrat und den zur Apsis tragen. Die Säulen bringen somit, ähnlich wie an der Apsis, eine Bedeutungssteigerung gegenüber den hängenden Wandelementen im Schiff. Das Reicherwerden dieser gliedernden Elemente wird schließlich durch die Skulpturen interpretiert. Das stufenweise Absinken vom Schiff über das Chorquadrat zur Apsis, dem ein seitliches Einengen entspricht, ist ein bereits in der älteren Sakralarchitektur nachzuweisendes Gliederungselement, das auf ein Zentrum hinführen und es in seiner Wirkung steigern soll.

Zu Raum- und Wandgliederung kommt noch die Wirkung der Lichtführung, die den Raum zusätzlich aktiviert. Die höher sitzenden Fenster des Schiffes beleuchten sowohl die Gewölbezone wie auch den Versammlungsort der Gemeinde.

Das Chorquadrat erhält durch das Rundfenster einen eigenen emporweisenden Akzent, während die Fenster der Apside als einzige unter dem Gesims liegen und so auf den Altartisch bezogen sind. Überlegen wir auch noch die Anzahl der Fenster. Jedes Joch des Schiffes hat vier Fenster, zusammen sind es also acht. Das Chorquadrat hat wieder vier hohe Fenster, wodurch sich die Zahl zwölf ergibt. Die Rundfenster bereiten, wie gesagt, den Dreierrhythmus vor, der dem Altarraum seine Gliederung gibt. Diese ,,Dreieinigkeit" und das alle anderen Lichtquellen überstrahlende Ostfenster – Lichtzentrum vom Eingang aus – ist, ebenso wie die Zwölfzahl, in ihrem Symbolwert gewiß beabsichtigt. Außerdem überlege man das Verhältnis von außen und innen, das Verhältnis von Baukörper und gestaltetem Raum, von Anblick und Ausblick. Daß dieses Ansehen und dieses Hinaussehen geistige Dimensionen besitzt, die über das Sichtbare und Konstruktive hinausgehen, ist aus der künstlerischen Ordnung der Architektur abzuleiten. Die Bildsprache der Skulpturen bestätigt eine solche Annahme.

Die Bildsprache des Innenraumes

Anmerkungen S. 165–169
Plan mit Legende S. 164

Ehe man sich nun den Skulpturen der Schöngraberner Kirche zuwendet, ist es nötig, sich nochmals die Aufgabe des sakralen Raumes vor Augen zu führen. Die vielen Fragen, die sich bei der Betrachtung der Bildfolge an der Apsis stellen, finden nämlich gerade hier im Innenraum ihre Antwort. In der Kirche wird die heilige Handlung vollzogen, hier fällt die Entscheidung, deren Bedeutung dem Betrachter an Hand verschiedener Sinnbilder drastisch vor Augen geführt wird. Außen wird ein dramatisches Bild des Lebens entrollt, im Inneren, im Haus Gottes, wirkt die, allerdings bedrohte, Geborgenheit.

Die Bildsprache im Raum begann einst mit den beiden Kapitellen der Westempore, die sich ebenso wie eine Basis und der Rest eines Säulenschaftes noch erhalten haben. Es wurde schon vorhin betont, daß sich der Schmuck der Emporenkapitelle von den schlichten Hängepilastern des Langhauses abhebt und einen gewissen Bezug zum Chorquadrat herstellt. An den Emporenkapitellen sehen wir stilisierte Blätter, die in drei Reihen übereinandergelegt sind. In der unteren Reihe sind sie paarweise durch eine Fessel zusammengebunden, um sich dann zu entfalten und nach außen einzurollen. Die mittlere Blattreihe steigt empor, die oberste rollt sich wieder ein, ist aber nicht mehr gefesselt, was den Eindruck einer Befreiung gegenüber der untersten Reihe erweckt. Das Ornament scheint leichter zu werden, löst sich aus der Gebundenheit und strebt aufwärts. Während der Schaftring der Säule die Blätter umfaßt, scheint die Deckplatte, ohne daß der Eindruck einer schweren Last entstünde, von ihnen getragen. Die Köpfe an den Ecken wirken keineswegs eingebunden, sie haben sich vom Blattwerk gelöst und ragen aus ihm heraus. Der in die Ferne gerichtete Blick des Menschen wirkt sinnend, ohne Aktivität. Durch sein Dasein beherrscht der Mensch das Ornament, ist den aufstrebenden Pflanzen, die wir als Sinnbilder des Lebens deuten können, zugeordnet. Er ist von dem Kampf, in den er bald hineingezogen sein wird, noch unberührt.

Die dämonische, tierische Welt, die jene höhere Ordnung stören kann, wird zum erstenmal vor den Stufen des Chorquadrates, direkt unter den Sockeln des Triumphbogens sichtbar. Links erkennt man außen den Rest eines liegenden Tieres (Hundes?), innen den einer Figur; der rechte Sockel ist ähnlich gestaltet. Im Vergleich zu den Skulpturresten an der gleichen Stelle der nördlichen Außenwand könnte man an Wache haltende Tiere denken. Im Sinne des nach Osten fortschreitenden Programmes ist es bezeichnend, daß die Sockel an der Rückseite des Triumphbogens – also gegen den Altar zu – ohne figuralen Schmuck sind. Weiters fällt auf, daß hier, gegen den Westen zu, nur einfache Dreiviertelsäulen und keine reichen Abstufungen Verwendung finden. Der Schmuck ist also in Blickrichtung auf den Altar hin bezogen und nicht auf das Chorquadrat als einen in sich geschlossenen Raum. Die Basen vor der Apsis entsprechen dieser Steigerung. Unter den großen Ecksäulen sind sie nur mit einer Eckzier versehen. Die anschließenden Dreiviertelsäulen aber stehen auf figuralen Sockeln, denen je ein breitgedrückter Kopf vorgelagert ist. Aus dem Mund sprießen Blätter, das geflochtene Haupthaar geht im Sockelprofil unter, der Kopf selber aber ist nicht von der Säule niedergehalten. Die Deutung Wiebels, in den geflochtenen Zöpfen eine Anspielung auf den Todesschlaf erkennen zu wollen und die Blätter im Maul des Ungetüms als vernichtete Lebensranke anzusehen, ist problematisch. Es scheint sich aber um ruhende bedrohliche Wesen zu handeln, die im Gegensatz zu den Evangelistensymbolen stehen. Auch die Basis der rechten Halbsäule hat einen figuralen Schmuck; es sind zwei einander zugekehrte Tiermäuler, die, einer eingerollten Schlange gleich, ein gleichstarker Wulst verbindet. In dieser Verschlingung ein Symbol der Ewigkeit, vielleicht auch Grabdämonen zu sehen, ist eine persönliche Auslegung. Es sind, allgemein gesprochen, gebändigte Tiere, die hier im Presbyterium ihrer Macht beraubt sind. Für das Ewigkeitssymbol scheint der Platz an der Säulenbasis nicht passend.

Die Kapitelle des Chorquadrates sind mit den Zeichen der vier Evangelisten geziert. Engel und Adler im Osten, Stier und Löwe gegen das Schiff zu. Die nahezu vollplastischen Sinnbilder halten aufgeschlagene Bücher. Sie sind vom Säulenkern fast losgelöst. Die Kapitelle dahinter sind ornamental und figural reliefartig gegliedert und heben sich in ihrer Aussage von den Evangelistensymbolen deutlich ab. Gerade in diesem Absetzen, das viel stärker ist als bei den Kapitellen der Orgelempore, kann man einen Schlüssel zum Verständnis finden.

Das Kapitell im Westen über dem Symbol des heiligen Lukas (Stier) zeigt an der Ecke einen Kopf, dessen Haupt- und Barthaare in ein Ornament übergehen und mit diesem verflochten sind; die streng geometrischen Ranken sind durch Fesseln miteinander verbunden. Ganz ähnlich ist das südliche gegenüberliegende Kapitell mit dem Symbol des heiligen Markus (Löwe); der Kopf ist in gleiche Rankenformen eingebunden, die Haartracht erscheint ornamental gekräuselt. Der dem leblosen Ornament verbundene Mensch könnte die Antithese zur befreienden göttlichen Offenbarung des Evangelisten sein. Je weiter man den Inhalt dieser romanischen Symbolsprache auffaßt, um so eher wird man der historischen Situation gerecht. Man muß sich bei romanischen Bildzyklen vor allem die Auffassung von der Ordnung der Welt in ihrer stufenweisen Steigerung vom Unorganischen über das Organische, Pflanzliche, Tierische und Menschliche zum Göttlichen vor Augen halten, um sich nicht in allzu speziellen Auslegungen zu verlieren.

Die Kapitelle an der Ostseite des Chorquadrates – Matthäus (Engel) und Johannes (Adler) – sind in ihrer Bildsprache reicher. So erkennt man über dem heiligen Matthäus zwei Löwen, die einen kopfüber stürzenden Menschen angefallen haben. Der linke faßt seinen Arm mit den Zähnen, der rechte seinen Unterkörper; die

Pranke hält den Kopf des Menschen. Dieser ergreift den Löwen am Nacken, um sich so zu befreien. In diesem Sinnbild ist der vom Bösen und Tierischen bedrohte Mensch gemeint, der sich, wie das Bild angibt, verzweifelt der übermächtigen Gefahr zu erwehren sucht. Das Kapitell über dem heiligen Johannes (Adler) zeigt Wölfe mit bleckender Zunge, die einen Widder angreifen. Der Hinweis auf den bösen Wolf, der das Schaf, das Opfertier, anfällt, gibt einen Schlüssel zum Verständnis. Auch diese Tierszene kann als Kampf des Bösen gegen das Gute gedeutet werden.

Diese Kapitelle tragen die Wölbung, von ihnen gehen die Rippen aus, die im Scheitel von einem Schlußstein zusammengehalten werden. Eine zierliche Kalotte umschließt das Rippenkreuz wie eine kostbare Spange. In den Ecken der Rippen, über den halbrunden Profilen, sind vier Köpfe eingesetzt, die in die Himmelsrichtungen blicken; sie sind den Köpfen der Westempore sehr ähnlich. Bezugnehmend auf die Fresken im Chor von Pürgg wird man die vier Köpfe als ,,nationes", als Sinnbilder der vier Weltreiche, deuten können.

Betrachtet man den plastischen Schmuck des Chorquadrates in seiner Gesamtheit, dann sieht man, daß die Deutung keinen großen Problemen begegnet. Die vier Säulen – von ihnen hat jede Interpretation auszugehen – sind den vier Evangelisten zugeordnet. Ihre ewig gültigen Worte werden mit dem zeitlichen Geschehen kontrastiert. Hinter der göttlichen Prophezeiung liegen die Gefahren des Dämonischen. Dieser Dualismus des Heidnischen und Christlichen, des Tierisch-Teuflischen und des Göttlichen ist das Hauptthema von Schöngrabern. Die Tiere, vor den Triumphbogen gelagert und zurückgedrängt in die Kapitellzone, bleiben der drohende Hintergrund auch dann, wenn der Blick des Betrachters die aufgeschlagenen Bücher der Heiligen Schrift erblickt. Die Evangelien, Lehre und Leben Christi, sein Wirken und sein Opfertod tragen die Welt und wirken in all ihren Reichen. Das Chorquadrat gibt somit ein Abbild des christlichen Universums, das totz mannigfaltiger Bedrohung fest auf seinen Fundamenten ruht, das von den Stützen der Offenbarung und des Glaubens getragen wird. So ist der hoch aufragende Baldachin Vorbereitung auf den heiligsten Ort, auf den Altarraum.

Die Apsis ist nahezu schmucklos. Ein schlichter Opfertisch beherrscht ihre Mitte. Die beiden Sakramentsnischen umgibt ein wohlgeordnetes geflochtenes doppeltes Bandwerk, das den Bogen ziert. Der einzige figurale Schmuck scheint sich auf dem großen querliegenden Quader über dem Mittelfenster befunden zu haben. Man erkennt noch deutlich, daß hier ein Relief abgemeißelt wurde, das vielleicht dem barocken Altaraufbau im Wege stand. Fritz Novotny hat nach der Restaurierung im Jahre 1937, als man die Wände von der ornamentalen Ausmalung befreite, als erster auf dieses Fragment aufmerksam gemacht. ,,Zu erkennen ist nur mehr", so schreibt Novotny, ,,daß eine thronende Muttergottes mit dem Christuskind dargestellt gewesen sein dürfte – die Kirche ist der heiligen Maria geweiht –, zu deren Seiten vermutlich die Gestalten je eines Engels oder eines Heiligen standen. Der Umriß des rechten Teils des Reliefrestes ist so geformt, daß man noch auf eine weitere Gestalt, und zwar am ehesten auf eine kniende Stifterfigur, schließen kann. Die ganze Gruppe war aus einem besonders großen Quader gemeißelt und entsprach im Format ungefähr den Skulpturengruppen im Untergeschoß der äußeren Apsiswand." Hier in der Apsis blieb nun, wenn man der Interpretation folgt, alles Dämonische zurück, hier am heiligen Ort gibt es auch kein Kampfmotiv, hier herrscht das Patronat, Christus, der durch Maria in die Welt als Erlöser gekommen war.

Hat man diesen sakralen Raum in seiner Bedeutung mit Hilfe der Bildsprache erkannt, dann wird man auch die Apsis nicht mehr als eine isolierte Bilderwand betrachten, sondern die Beziehungen zwischen innen und außen erkennen. Nach außen zu wird das Drama der Welt geboten, im Inneren ruht diese Welt auf den Säulen der christlichen Botschaft. Hier wird das Betrachten zum Handeln.

Die Bilder am Außenbau

Anmerkungen S. 169–171

Während wir das Skulpturenprogramm im Inneren nahezu vollständig überblikken können, sind wir am Außenbau teils auf Vermutungen angewiesen. Diese beziehen sich vor allem auf das ehemalige, heute abgetragene Westwerk. Die erhaltenen drei Apostelfiguren und der Löwe lassen ein mit Skulpturen umgebenes Portal vermuten. Die Tatsache, daß die Apostelfiguren auf Konsolen stehen, läßt auf einen Fassadenschmuck und keinen Gewändezierat schließen. Auch der Löwe, der sich jetzt im Niederösterreichischen Landesmuseum zu Wien befindet, gibt keine weiteren Aufschlüsse; er soll vom Westportal stammen. Seine Haltung ist anders als die des Portallöwen vom Wiener Schottenstift. Diese jetzt im Germanischen Museum zu Nürnberg befindliche Tierskulptur hält einen Menschenkopf in den Vorderpranken. Das Maul des Tieres ist geöffnet, als wolle es sein Opfer eben anfallen. An dem Schöngraberner Löwen ist eine solche Kampfstellung nicht zu erkennen: er ruht mit eingezogenen Vorderbeinen. Auch findet sich am Rücken des Tieres, ähnlich wie bei den Köpfen vor den östlichen Chorsäulen, kein Säulenauflager. – Mit dem Westportal wird außerdem ein figurales Fragment im Lapidarium – eine nackte Gestalt vor einem Rundwulst – in Verbindung gebracht. Da diese wenigen figuralen Reste kein klares Bild ergeben, ist man nur auf das erhaltene Südportal, das vermutlich den gleichen Typus vertritt, angewiesen.

Das Südportal sitzt links von der Mitte des Langhauses und wird von zwei Lisenen gerahmt, die am blockartig verstärkten Sockelgesims aufruhen. Diese einfassende Gliederung hat zum Obergeschoß nur in der Mitte eine direkte Beziehung. Da über dem rechten Wandstreifen eine viel stärkere Mittellisene sitzt, bleibt die differenzierte Geschoßbehandlung dennoch gewahrt. Das Tor selbst ist stufenförmig abgetreppt, zwei Rundwulste laufen ohne Unterbrechung durch; Kapitellzone und Tympanon fehlen. Donin hat in diesem Zusammenhang auf die ähnlichen kämpferlosen Portale in Niederösterreich aufmerksam gemacht und dabei die Nachwirkung der Ordenskunst hervorgehoben. Obwohl der untere Teil des Gewändes durch Brand beschädigt und außerdem verwittert ist, kann man auf der linken Seite vor den Basen noch zwei liegende Tiere erkennen, deren Köpfe zerstört sind, Schwanz und Klauen sind deutlich auszunehmen. Auch im rechten Teil findet sich ein Fragment, das man als schlafenden Löwen, der den Kopf auf die Vorderpfoten gelegt hat, deuten kann. Gegen das Tor zu sieht man links noch zwei Kopffragmente.

Links vom Portal in einer Höhe von 2 m über dem Sockel befindet sich nahe der Südwestecke des Schiffes noch ein Kastenrelief, das 40 cm hoch und 140 cm lang ist.
 Diese flache Darstellung, deren Vertiefungen herausgearbeitet sind, unterscheidet

sich dadurch von den übrigen hochplastischen Formen. Im Stil der Figuren ergeben sich aber keine Widersprechungen mit den anderen Arbeiten. Das Kastenrelief wurde schon von Endres als Monatsdarstellung gedeutet. Im rechten Teil glaubt man den doppelköpfigen Janus zu erkennen, der durch Schlangen an die Speichen eines Rades gebunden ist. Das Rad wird, wie Wiebel meint, von Chronos, dem Gott der Zeit, bewegt. Der Chronos, mit seinem langen Bart, dem seitwärts gerichteten Blick, dem Gewand und der Schrittstellung, ist in den erhaltenen Resten deutlich zu erkennen. Die dem Rad voranschreitende Gestalt und die Kugel sind grob überarbeitet, was auch zur Deutung eines vermummten Menschen geführt hat. Das linke Relief zeigt die Erlegung eines Wildschweines mit dem Schwert. Voran schwebt eine Sirene, zu der ein Hund emporbellt. So ergibt sich das Bild einer wilden Jagd, wie sie auch im Volksglauben der winterlichen Sonnenwende verankert ist. Die Auslegung Wiebels, in der Eberjagd den Monat Dezember und im Zeitenrad den Januar versinnbildlicht zu sehen, ist durchaus glaubwürdig. Während die Jagdszene einer der bildlichen Monatsdarstellungen entnommen wurde, kommt in der Sirene mit dreieckiger Winkelharfe ein verlockendes Fabelwesen, das auch als Todesdämon gedeutet werden kann, zu Wort. Sirene und Zeitenrad bringen den Ernst der Schöngraberner Bildsprache zum Ausdruck. Das Aufsteigen und Absinken, vor allem aber das mit Schlangen ins Rad-gebunden-Sein, ist es, was unmittelbar anspricht, mahnt und den bekannten Sinnbildern neue, dramatische Inhalte gibt.

An der Ecke des Schiffes, gegen das Chorquadrat zu, lagerten auf den Sockelprofilen Tiere. Im Süden sieht man, daß diese – vermutlich beim Sakristeianbau – abgemeißelt wurden. Gegenüber an der Nordostecke des Schiffes erkennt man ein ruhendes Tier mit parallel liegenden Vorderpfoten. Der Kopf ist abgeschlagen. Diese Skulptur, die ähnlich wie im Inneren, auch als Wächter gedeutet werden kann, ist nicht für eine seitliche Betrachtung bestimmt, sondern gegen die Apsis hin ausgerichtet. So steigert sich, genau wie im Inneren, die Kraft der Aussage gegen Osten zu. Es ist daher außer Zweifel, daß stets der Apsis und nicht dem Westwerk die wichtigste Aussage vorbehalten war; gerade darin erweist sich die Besonderheit von Schöngrabern. Dem Inneren entspricht eine nach außen wirkende Bildsprache.

So gleichen die Bildzyklen den verschiedenen Verhaltensweisen im Leben. Die wilde Jagd, das Rad der Zeit mahnt den Eintretenden. Löwen halten bei den Portalen Wache, Apostel schützen den Eingang in die Kirche. Kampf, Tod und Gericht finden sich außen an der Apsis; innen, gegen den Altarraum zu, Besinnung, Einkehr, Hinwendung zur Botschaft der Evangelien; am Rande des Kirchengebäudes, gleichsam am Rande der Welt, ruhen Tiere. Zur Eigenart von Schöngrabern gehört es, daß wir diese Anspielungen auf das Dämonische aber nicht nur an den Randzonen finden, sie wirken auch im Zentrum.

Löwe vom
Westportal

S. 34, 35.
Lapidarium

Der Schlußstein des Chorquadrates mit den aufgefundenen Rippenstücken

Die formale und geistige Ordnung der Apsis

Anmerkungen S. 171–173
Schema und Legende S. 192–195

In der folgenden Analyse werden wir von der architektonischen Gliederung ausgehen und uns, ebenso wie beim Kirchenbau, schrittweise der Interpretation nähern. Erst das Erkennen der großen Ordnung gibt den Einzelheiten ihren gemäßen Platz und läßt die vielfältigen Bezüge richtig deuten.

Die halbrunde Apsis wird von den vier Halbsäulen in drei gleichmäßige Felder geteilt, wobei es auffällt, daß die äußeren Säulen, im Norden wie im Süden, nicht direkt an das Chorquadrat anschließen, sondern, in der Breite eines Rundbogenfrieses, einen kleinen Raum freilassen, dem die Funktion eines schmalen rahmenden Feldes zukommt. Die vier Säulen tragen den Rundbogenfries, der insgesamt zwanzig Bogen zählt, je sechs in der Mitte und je einen außen. Diese Halbsäulen bestimmen die Ordnung und die weitere Gruppierung.

Etwas unterhalb des Frieses ist die Wand zurückgenommen, wodurch drei vertiefte Felder entstehen, die nicht bis an die Halbsäulen heranreichen, sondern einen schmalen Wandstreifen stehen lassen, der hinter der Halbsäule wie eine flache Lisene wirkt. In die Ecken zwischen Lisene und den vertieften Feldern sind kleinere Säulchen eingestellt, die unten auf gekehlten Basen aufruhen und oben den Architrav, der das vertiefte Feld begrenzt, tragen. Diese Felderteilung wird genau im oberen Drittel durch ein reich profiliertes Gesimsband horizontal geteilt, das über alle vertikalen Gliederungen hinwegläuft und so die Profile nachformt. Dieses weit vorragende Band hat keine konstruktive, sondern eine dekorativ-plastische Funktion. Nach oben gibt es den Fenstern Halt, nach unten überdacht es die kraftvollen Figurengruppen knapp unter dem Gesims. Es trennt und rahmt zugleich. Die Hängesäulchen links und rechts der Fenster schaffen eine weitere Unterteilung der oberen Felder, so daß den drei unteren Bildgruppen neun in den oberen Feldern entsprechen, was insgesamt wieder die Zahl zwölf ergibt. Außerdem werden die oberen Bildfelder durch die Ornamentierung der rahmenden Säulchen in diesem Bereich optisch zu Bildstreifen verbunden. Diese Ordnung von drei oberen, kleingliedrigeren und einer kräftigeren unteren Bildgruppe bewirkt ein Emporsteigen und Leichterwerden, das auch durch die reichere Dekoration der oberen Bildfelder zum Ausdruck kommt. Innerhalb dieser Ordnung sind die Fenster zu Zentren geworden, um die sich die Skulpturen gruppieren.

Hat man das kunstvolle System einer solchen Komposition erkannt, wird man es durch die Bildsprache der Skulpturen noch weiter bereichert finden, wobei wir vorerst nur auf Säulen, Konsolen, Kapitelle und auf den Zierat des Frieses hinweisen wollen. Die Betrachtung beschränkt sich somit auf die architektonischen Elemente.

Die Kapitelle der großen Halbsäulen zeigen im Süden zwei Köpfe, die so miteinander verflochten sind, daß sie sich aus dieser Verbindung nicht zu befreien vermögen. Das nächste Kapitell gegen die Mitte zu ist mit zwei Köpfen geziert, die sich an den Ecken aus einem Blattornament herausheben. Das dritte Kapitell rechts davon zeigt zwei Männerköpfe mit verschiedenen, aufwärts gedrehten Backenbärten, die sich wohl berühren, aber keinesfalls miteinander verstrickt sind. Das vierte und letzte Kapitell im Norden trägt wieder zwei Männerköpfe, die sich mit ihren Händen ein Joch auf die Stirn pressen. Der Fries wird im Süden ganz außen von einer Kopfkonsole getragen, aus deren Mund, Nase und Ohren Schlangen herauskriechen. Der Abschluß im Norden zeigt eine von Striemen gezeichnete Teufelsfratze.

Versucht man diese Sinnbilder zu interpretieren, so erkennt man in den Kapitellen der mittleren beiden Säulen keine Hinweise auf irgendwelche Bedrohung. Die äußeren zeigen gegenseitige Verstrickung und Beschränkung durch ein selbst auferlegtes Joch. Bedenkt man in diesem Zusammenhang noch die Bilder der genannten Konsolen, Sünde im Süden, der Teufel im Norden, dann sieht man, daß Sünde und Gebundenheit, Beschränktheit und Dämonie die Bilder der Mitte drohend umgeben.

Der Rundbogenfries zeigt über dem südlichen Feld eine achtblättrige Rosette und über dem nördlichen Feld drei Blätter. Die Mitte ist frei. Dadurch ergibt sich ein umgekehrter Rhythmus: Das Gute rahmt die Mitte, in der wir über dem Fenster eine Teufelsfratze sehen. Beide Prinzipien sind wechselweise verflochten.

Die Ornamentierung der Säulen und Säulchen mit Weinlaub und Blättern im Süden, Bändern und Flechtwerk in der Mitte, gestreckten Tauen und Bildmedaillons im Norden sind der rahmende Schmuck dieser oberen Bildzone. Man hat in Analogie zum Schottenportal von St. Jakob in Regensburg diesen Zierat auch als Sinnbild der Himmelsstadt bezeichnet. Ein Bedeutungsunterschied wäre zwischen den geflochtenen Bändern und den sich frei entfaltenden Pflanzen zu sehen. Auf Schöngrabern angewendet, würde dies bedeuten, daß sich im östlichen, mittleren Feld negative und in den äußeren Feldern positive Sinnbilder befinden. Die Kopfkonsolen über den Fenstern entsprechen dieser Zuordnung.

Die Bilder an den Kapitellen und Konsolen der Säulchen führen die Interpretation weiter. Im südlichen Feld sehen wir oben links im Kapitell knospende Blätter, in der dazugehörigen Konsole unten eine Teufelsfratze, die die Zunge bleckt; rechts am Kapitell einen Weinstock, unten eine Katze, die eine Maus im Maul hat. Die Konsole der rahmenden Säulchen zeigt links Tiere über Weintrauben, rechts einen Kopf, der sich vor Blättern abhebt.

Dasselbe Motiv trägt im östlichen Feld das Kapitell der rechten rahmenden Säule. Das Kapitell des linken Hängesäulchens hat Blätter mit einem Stern, die Konsole zwei nach unten ausgestreckte Hände. Das rechte Kapitell zeigt zwei Adler mit Stern, die Konsole einen Kopf, dessen geflochtener Bart mit dem Stein verbunden scheint. Wieder bringen die Kapitelle der rahmenden Säulchen dieselben Motive im nächsten Feld: Palmetten mit Ranken.

Das Kapitell der linken Hängesäule im nördlichen Feld zeigt zwei Menschen im Weingarten, die zu essen scheinen; die Konsole fehlt. Das Kapitell des rechten Hängesäulchens stellt einen Weinstock dar, die Konsole einen Kopf mit geflochtenem Bart. Das Kapitell der äußersten rahmenden Säule zeigt Hasen in einem Weinstock und nimmt so das Motiv der anderen Kapitelle auf. Die Medaillons auf den rahmenden Säulen zeigen links Tiere: einen Adler, einen Löwen und einen Hirsch; rechts einen alten Kopf, darunter einen Menschen mit Teufelsohren.

Natürlich ergeben sich zu den Bildgruppen, die von den Säulen und Säulchen gerahmt werden, verschiedene Sinnbezüge, auf die auch noch später bei der Bildinterpretation näher hingewiesen wird. Der erste Überblick sollte nur die große Ordnung deutlich machen. Sie zeigt eine Überleitung von Feld zu Feld bei den zwei mittleren Säulen und einen klaren Rhythmus der oberen Bildgruppen. Außen, im Süden und im Norden, sind es Motive mit Weinlaub, Trauben und Reben. In der Mitte, im Osten also, Blätter mit Adlern und Stern, was als Ankündigung des nahen Gerichtes gewertet werden kann. Wir erkennen somit außen an der Apsis Sinnbilder des Lebens, in der Mitte solche des Gerichtes. Auch das Verhältnis von Kapitell und Konsole ist eindeutig. Oben am Kapitell finden wir Symbole des Guten und solche der Mahnung. Unten an den Konsolen ist das Böse, der Teufel, die Tatenlosigkeit, die Ergebung dargestellt. Aus dieser Interpretation ergibt sich eine Konfrontation von oben und unten sowie eine Stufenfolge zum Guten. Allerdings bricht in dieses Gute immer wieder das Böse ein und steigert so – wie es die Bildreliefs noch deutlicher zeigen werden – die Konfrontation. Diese offenbarte sich bereits, um es nochmals zu betonen, in den ganz anderen Sinnbildern der Kapitelle der Hochsäulen und der seitlichen Konsolen, wo das böse Prinzip die äußeren Felder einnimmt und das gute sich in der Mitte befindet; eine äußerst interessante wechselweise Umkehrung und Durchdringung, die sich auch am Nordportal von St. Jakob in Regensburg befindet. Diese beziehungsreichen Anspielungen des dekorativen Rahmens bereiten auf die eigentliche Thematik vor.

Beschreibung der Figurengruppen

Grundlage und Ausgangspunkt der vielfältigen Beziehungen, seien sie historischer, inhaltlicher oder stilistischer Art, bildet die genaue Kenntnis der einzelnen plastischen Gruppen. Obwohl die geistige Ordnung von der unteren Mittelgruppe auszugehen hat, ist es für die nun folgende Beschreibung, die als Ergänzung und Erläuterung des Bildteiles gedacht ist, zweckmäßig, links unten zu beginnen und, über die obere Reihe zurückgehend, links oben zu enden. Dadurch erhält der Betrachter einen ablaufmäßig geschlossenen Überblick und wird dann die antithetischen und vorbildhaften Bezüge besser erkennen. Diese Beschreibung stützt sich auf literarische Grundlagen, die im wesentlichen aus dem Alten und Neuen Testament stammen. Teils sind sie die Voraussetzung der bildhaften Szene, teils wird auf solche Schriftstellen nur angespielt, teils sind die Bilder auch nur weiteren Begriffsinhalten zuzuordnen. Diese vielfältigen Beziehungen und Interpretationsvarianten ergänzt der Anhang dieses Buches. Er breitet an Hand von Zitaten das Spektrum der Deutungsmöglichkeiten aus. Die Rangordnung präzisiert die geistigen Aussagen im Rahmen des Konzeptes.

Die folgende Beschreibung sucht zunächst in einer sorgfältigen Untersuchung der Darstellung, das heißt in der Aussage der Bilder selber Leitlinien für die Interpretation zu gewinnen. Das Erkennen der Vorgänge, die genaue Betrachtung der Einzelheiten in Form und Ausdruck sind das Primäre. Erst auf Grund einer erkennbaren, unmittelbar wirkenden Bildsprache wird, als nächster Schritt, ein Bezug zu den Textstellen und Deutungsmöglichkeiten hergestellt. Es soll also nichts von vornherein hineingesehen werden. Die Wahrscheinlichkeit der Interpretation ist stets an den Bilddarstellungen zu messen und zu beurteilen. Der Verlockung, ein in allen Einzelheiten deutbares System gefunden zu haben, muß man sich entziehen, um nicht das Schaubare hinter einem künstlichen Gedankengebäude zu verdecken.

Der Sündenfall

Anmerkungen S. 173

Die vierteilige Gruppe befindet sich unmittelbar unter dem profilierten Gurtgesims. Links steht Eva, die lange, stilisierte Zöpfe trägt. Mit der linken Hand führt sie eine Frucht zum Mund, mit der rechten bedeckt sie ihre Blöße. In den rechten Arm ist ein kleiner Drache mit Schwanz und Pfoten verschlungen. Zwischen dem ersten Menschenpaar sieht man einen gleich hohen Baum mit stilisierten, bandartig verflochtenen Wurzeln, Ästen, Blättern und Feigen. Die Bearbeitung erfolgt in der Art eines Reliefs. In diesen Baum greift die rechte Hand Adams, während er die linke auf den Magen legt, als hätte er bereits von den Früchten gegessen. Ein fratzenhaft dicker, mit weiten Schritten herbeieilender Teufel hat Adam an der linken Schulter gefaßt und nimmt ihn fest. Das mit Striemen durchfurchte Antlitz charakterisiert diese Figur ebenso wie die schlangenähnlichen Haare. Der Baum und die Figuren Adams und Evas stehen auf Konsolen.

Die Deutung bietet keine Schwierigkeit. Daß man an Stelle einer Schlange eine Teufelsgestalt und einen kleinen Drachen sieht, ist in der mittelalterlichen Kunst nicht selten, sie finden sich öfter. In Schöngrabern ist beiden Menschen ein Dämon der Verführung beigegeben. Ein Drache, der Eva die Versuchung ins Ohr flüstert, und der Satan, welcher Adam während der verbotenen Tat ertappt. Der streng frontale Stil wird durch Gesten zur bewegten Szene, deren stärkster Akzent der im Lauf schwebende Teufel ist. Die Ausdrucksweise, das Festnehmen Adams etwa, ist nahezu volkstümlich, die Gesichter aber sind der namenlosen Ferne zugewandt.

Vergegenwärtigt man sich die Worte des Alten Testamentes, die vom Sündenfall berichten, dann findet man in ihnen einen schlichten Bericht. Die Bildgruppe in Schöngrabern dramatisiert das Geschehen, wirkt drastisch und ist auf einen Höhepunkt des Ereignisses bezogen, das in seiner formelhaften Abkürzung von stärkster Eindringlichkeit ist. Auch der Vergleich mit anderen romanischen Darstellungen zeigt, daß sich der Bildhauer von einer Illustration abgewendet hat. Der dramatisierte Vorgang erhält durch seine zeitlose Charakterisierung innere Gewalt.

Kain und Abel vor dem Thron Gottes

Anmerkungen S. 175

Diese monumentalste und reichste Gruppe zeigt im Zentrum die Gestalt des thronenden Gottes. Die rechte Hand ist segnend erhoben, die linke hält ein Zepter, das in drei Blättern endigt, die man auch als Lilie gedeutet hat. Dieser frontalen Mittelgestalt, die auf einem mit Säulchen und Würfelkapitellen gezierten Thronsessel sitzt, knien zur Rechten Abel mit dem Lamm, zur Linken Kain mit einem zusammengebundenen Garbenbündel. Kain, der ältere Bruder, bringt als Bauer die Ähren des Feldes, Abel, der Jüngere, als Schafhirte ein Tier. Der Segensgestus ist Abel zugewendet, das Zepter Kain. Außen befindet sich noch eine männliche Gestalt, die Abel beim Ohr packt; ihr rechter Arm ist abgebrochen. Unter dem Thron Gottes, durch ihn niedergehalten, liegt ein Drache mit Fischschwanz. In einer Kralle hält er eine kleine Gestalt abwärts, eine zweite, nur mit dem Kopf im aufgesperrten Rachen des Tieres sichtbar, sucht sich mit überkreuzten Armen ängstlich zu befreien.

Alle neueren Deutungsversuche ergeben einwandfrei, daß es sich um das Opfer des Kain und Abel vor dem Thron Gottes handelt. Dafür spricht nicht nur die zentrale Stellung am Altarraum, die Beziehung zum Meßopfer und zum Kreuzestod Christi (Abel gilt als eines der Vorbilder), sondern auch die Szene selbst. Links außen erscheint Kain noch einmal, eine Wiederholung, die der romanischen Kunst durchaus geläufig ist. Kain erhebt – wie man aus den Resten vermuten kann – mit der rechten Hand drohend eine Waffe, um zum Brudermord auszuholen. Wieder ist das Zwielichtige, Dämonische und Drohende in die Szene gebracht, es wird durch die Gestalt des Drachens nochmals betont. Die Positionen links und rechts, oben und unten spielen für die Interpretation wieder eine wichtige Rolle. Schon Heider hat darauf hingewiesen, daß die beiden Gestalten, die sich in der Gewalt des Ungeheuers befinden, die Seelen der feindlichen Brüder sein könnten. Allerdings schwankt die Auslegung. Die Seele des verdammten Kain befindet sich nach Heider im Rachen des Ungeheuers, die des noch nicht völlig geretteten Abel in den Klauen des Tieres. Endres sieht in dem Drachen auch eine Anspielung auf den Fisch, der Jonas verschlang. Er hält nach seiner Ansicht den geretteten Abel empor, was durch die Hinwendung des Drachens zum Lamm bekräftigt sein könnte. Der Verdammte wird vom Thron ferngehalten. An Rettung läßt der verschlungene Mensch, über dessen Kopf sich die Zähne des Rachens schließen, allerdings nicht denken, nur an die Möglichkeit, daß er später gerettet werden kann. Beide Menschen scheinen noch zu leben. Der Mensch, der sich in der Gewalt des Bösen befindet, ist auch hier die Warnung jener tiefgründigen Symbolik. Das Dämonische ist dem Göttlichen benachbart, der apokalyptische Drache niedergehalten. Es ist der auf die Erde hinabgestürzte Drache, „die alte Schlange, die den Namen Teufel und Satan trägt, der den ganzen Erdkreis verführt", wie es in der Geheimen Offenbarung des hl. Johannes (12, 9) zu lesen ist. Der Teufel ist es, „der des Todes Gewalt inne hat", heißt es im Hebräerbrief (2, 14). „Ich bin der, welcher Kain entzündet und in Brand gesetzt hat, den eigenen Bruder zu töten", lautet ein Zitat aus den neutestamentlichen Apokryphen, das im Anhang belegt ist. Die geistigen Bezüge reichen von hier aus zurück zum Sündenfall und empor zum oberen Feld, das zwei Menschen in der Gewalt des Teufels zeigt.

An dieser Mittelgruppe fällt das reiche Spiel der Bewegungen auf, das in der Mittelfigur erstarrt. Die Richtungen der Arme, Beine und Körper geben einen strengen kompositorischen Rhythmus. Bedeutungsvoll ist es, daß keine vollendete Tatsache, sondern wieder ein dramatischer Höhepunkt der Handlung geboten wird: der Moment, als Kain eben im Begriffe steht, Abel beim Ohr zu fassen; nicht die Ermordung selbst. In bezug auf die Textstelle in der Genesis (4, 3–8) erkennen wir hier noch deutlicher als bei der Darstellung des Sündenfalles, daß sich der Bildhauer von Schöngrabern völlig vom Bericht des Alten Testamentes löst. Der Brudermord findet nicht draußen am Feld statt, sondern unmittelbar vor dem Angesicht Gottes, direkt bei der Opferung. Der Plastiker verzichtete in seiner Aussage auf die Szene, in der Gott das Opfer Kains „nicht sah", er bringt Opferung und Mord in unmittelbare Verbindung. Dieses Zusammenziehen der Ereignisse konzentriert die Kraft der Aussage, lenkt sie auf das eigentliche Anliegen, auf den Kampf der guten und bösen Mächte.

Auch an dieser Gruppe kann man eine gute Naturbeobachtung feststellen: Dazu gehört der Zierat des Thrones, Wangen und Rückenlehne, vor allem aber die Wiedergabe der Gewänder. In einer teils transparenten Schichtung umschließen sie den Formkern, sie scheinen an der Grundfläche zu haften und lassen so die Plastik des Körpers deutlich hervortreten. Wenn man sich etwa den geknoteten Gürtel am Gewand des Kain (links außen) oder die Säume des Kleides ansieht, dann erkennt man, zu welcher feinen Bearbeitung der Bildhauer fähig war, wie er aber bewußt – auch Novotny hob dies hervor – auf diese Errungenschaften verzichtet, um den monumentalen Ausdruck nicht einzuschränken. So werden die Schuppen des Drachens, die Halme am Garbenbündel nur angedeutet, es kommt zu keiner plastischen Zerlegung, aber auch zu keiner einheitlichen Ornamentfläche. Die Nähe des schattenden Gesimses trägt viel zu der Wirkung der Gruppe bei.

Der Kampf gegen den Löwen

Anmerkungen S. 176

Neben den beiden alttestamentarischen Szenen findet sich an der Nordseite der Apsis die Darstellung eines Tierkampfes. Ein Jäger, nur mit einem Lendenschurz bekleidet, der an der Leine einen Hund führt, hat dem Löwen in den Rachen gegriffen. Die rechte Hand mit der Streitaxt ist zum Schlag erhoben; ein zweiter Hund fällt zur Unterstützung des Jägers den Löwen von hinten an und beißt ihn in den Schenkel. Interessant ist es, daß die statuarische Anordnung der Figuren, wie man sie beim Sündenfall, auf Podesten stehend, beobachten konnte, nun aufgegeben ist.

War beim Thron Gottes noch eine gewisse Verankerung mit der Wand und eine Symmetrie der Figuren zu erkennen, so ist nun die Darstellung vor der Fläche schwebend angeordnet. Der Jäger erscheint kniend mit nach hinten geschlagenen Beinen, beinahe so, als ob er auf den leicht überkreuzten Füßen sitzen würde. Die Hunde sind aufrecht, ihre Pfoten stehen nicht auf dem Boden, der linke Hund wird vom rechten Bein des Jägers gestützt. Auch der diagonal angeordnete Körper des Löwen schwebt, die Krallen sind entspannt, nirgends finden sie Halt. Diese stilistische Eigenart zeigt eine formale Ausgewogenheit der Komposition. Sie ist streng rechteckig umschlossen und wirkt gedrängt. Diesem Prinzip folgend, kommt es auch zu einigen Veränderungen. So ist die Axt, welche die obere waagrechte Linie nicht durchbrechen soll, verkehrt in der Hand des Jägers; der Schwanz des rechten Hundes folgt gleichfalls der kompositorischen Linie, die durch den Quader, aus dem das Relief gehauen ist, bestimmt wird.

Die Deutung ist im wesentlichen unumstritten. Schon Heider hat das Sinnbild des Löwen, der einen Hinweis auf Christus, aber auch auf den Teufel geben kann, untersucht. Hier käme nur die zweite Auslegung in Frage. Wiebel denkt dabei an den Petrusbrief (I 5, 8) „Seid nüchtern und wachsam, denn euer Widersacher, der Teufel, geht umher wie ein brüllender Löwe und sucht, wen er verschlingen könne".

In den beiden Hunden sieht Wiebel daher die Symbole der Nüchternheit und Wachsamkeit, Tugenden, die der Mensch im Kampf gegen den Satan nötig hat. Da eine Darstellung Samsons – der in den Reliefs der oberen Zone zu sehen ist – nicht angenommen werden muß, könnte man auch an den Kampf Davids mit dem Löwen denken. Doch dies scheint nur eine der Bedeutungsschichten zu sein. Primär ist es eine weltlich gesehene Kampfdarstellung, die ebenso auf ein aktuelles Ereignis anspielen könnte, auf die gegen die Ungläubigen kämpfenden Kuenringer. Als „treue Hunde“ – wie sie in zeitgenössischen Urkunden genannt werden – unterstützen sie den kühnen Kämpfer, dem sie gleichen.

Einzelne Details bereichern das gewonnene Bild. Abgesehen von der schon vorhin charakterisierten schwebenden Anordnung der Figuren und der kubischen, walzenförmigen Körperbehandlung sind die Raumprobleme sehr vielfältig. Die in verschiedenen Raumschichten liegenden Füße der Hunde, die Verschneidungen mit den Füßen des Löwen und schließlich die linke Hand des Jägers, die von hinten nach vorne in den Unterkiefer des Tieres faßt, zeigen eine Beherrschung schwieriger Situationen. Das Festhalten eines dramatischen Höhepunktes offenbart sich in der Kampfstellung: Man sieht die Finger des Jägers zwischen den spitzen Zähnen des Löwen. Nichts davon spiegelt sich in dem fernen, über den Augenblick erhabenen Antlitz des Menschen. Der Ausdruck und die Formen sind streng stilisiert: das Gesicht, die Haare und das kreuzweise gelegte Lendentuch. Auch die Mähne des Tieres zeigt kein Verschleifen des Ornamentes, sondern eine deutliche Trennung von dem glatten Körper. Es ist beachtlich, wie sich dieser fortschrittliche plastische Stil noch der strengen Charakterisierungskunst der französischen Romanik des 12. Jahrhunderts verbunden fühlt und dadurch den Geist romanischer Monumentalität bewahrt.

Das nördliche obere Feld

Anmerkungen S. 177–179

Wenn wir uns in der weiteren Abfolge nun den oberen Szenen zuwenden und die Leserichtung umkehren, also oben von rechts nach links lesen, so ist damit kein verbindliches Prinzip gemeint, sondern nur eine zweckmäßige Abfolge der Beschreibung gegeben. Wie oberes und unteres Bild, Seiten- und Mittelfeld in einem Zusammenhang und in einer Gegenüberstellung zu sehen sind, wird bei der nachfolgenden Interpretation noch ausführlicher darzustellen sein. Im oberen Bereich hat sich die Leseart jedenfalls nach den Positionen der Reliefs zu richten. Bei den Dreiergruppen hat man von dem „Schlußstein“ über den Fenstern auszugehen, weil von hier aus die Konfrontation der unteren Felder bestimmt wird. Dieser Schlußstein ist zugleich das Besondere an Schöngrabern. Während Bogenumrahmungen – auch mit einem betonten Mittelbild – mehrfach vorkommen, ist die Art einer so starken geistigen und formalen Akzentuierung ohne Vergleichsbeispiel.

Die Menschen hängen am Guten

Über dem durch zwei Rundwulste profilierten schmalen Rundfenster sieht man eine figurale Konsole, die das darüberliegende Gebälk trägt. Unter einer kantigen, achteckigen, also schon frühgotischen Deckplatte erkennt man einen Kopf mit langen Haupt- und Barthaaren. An den Haarsträngen halten sich zwei Menschen fest und umrahmen so den Fensterbogen. Die Gruppe wird durch zwei Konsolsäulchen eingefaßt, die eine Trennung von den benachbarten Gruppen vornehmen.

Einen Anhaltspunkt für die Deutung geben bereits die Sinnbilder oberhalb und unterhalb der Reliefgruppe. Oben am Rundbogenfries sieht man ein dreiblättriges Blatt, unten den Kampf gegen den Löwen. Wiebel, der mit seiner Auffassung von den bisherigen Auslegungen abweicht, sieht als bestimmendes Element für die Sinngebung die dem Licht abgewandte Nordseite an, die er als Reich der Finsternis bezeichnet. Da die Bilder dieser Fläche vom Widerstand und dem Kampf gegen den Satan berichten, erkennt er in dem Kopf ein Bild des Teufels, der als vornehmer Fürst dieser Welt erscheint. Die alte Deutung Heiders, in der Konsole eher ein gutes Prinzip verkörpert zu sehen, ist jedoch durchaus plausibler. Der Löwen- und Bärenkampf symbolisiert weit mehr den Sieg der guten als der bösen Kräfte. Außerdem fehlt dem Kopf das häßliche, mit Striemen bedeckte Aussehen, das an allen Teufelsdarstellungen in Schöngrabern zu finden ist. Der fratzenhafte Kopf über dem Mittelfenster stößt die Menschen sogar in die tödlichen Schlingen. Heider hat schon ganz richtig festgestellt, daß sich die Menschen des Nordfensters freiwillig an den Haaren festhalten. Eine Tarnung des Teufels als Fürst der Welt (Wiebel) wäre in der romanischen Kunst auch ungewöhnlich. Bleibt man aber bei der Auffassung, daß es sich hier um ein Sinnbild des Guten handle, dann fügt sich die Deutung der gesamten Gruppe zu einer sinnvollen Einheit. Die dem Guten anhängenden Menschen – das Gute kann hier im weltlichen und nicht im religiösen Sinn verstanden werden – sind gleichsam das Leitmotiv dieses Feldes.

Die Reliefs links und rechts des Mittelfensters stehen durch die Gegenüberstellung zweier Beispiele dazu in Beziehung. Auch das untere und obere Feld verbindet einen geistigen Bezug.

Im einzelnen betrachtet, fällt an der Szene die klare und sichere Anordnung auf. Die körperliche Bewegung der beiden Menschen ist, obwohl sie sich dem Bogen anpaßt, richtig beobachtet; sie stehen wie Adam und Eva auf Postamenten. Der Gesichtsausdruck ist starr. Besonders monumental wirkt die Kopfkonsole darüber, die sich in ihrer frontalen Haltung mit der Gestalt des thronenden Gottes vergleichen läßt. Kinn und Bart heben sie von den anderen weltlichen Darstellungen (Adam) ab. Die Gewänder der beiden Menschen zeigen wieder verschiedene Details. Man erkennt den Ausschnitt und die Säume der glatten Hemden, zum Unterschied vom faltigen Rock mit den reichen Unterkleidern. Gebundene Gürtel, Armspangen und einfache Schuhe verraten eine genaue Beobachtung und eine naturnahe Wiedergabe.

Der Bärenkampf

Diese Szene sehen wir rechts vom Fenster. Der aufrecht stehende Bär mit brüllend geöffnetem Rachen hat mit der linken Pranke einen Menschen erfaßt und an sich gedrückt. Während dieser dem Tier mit der rechten Hand einen Dolch in die Lenden stoßen will, ist ein anderer Jäger herbeigeeilt, der mit beiden Händen eine Lanze hält und sie auf den Bären richtet; die rechte Pranke des Tieres sucht den tödlichen Stoß abzuwehren. Im Schutz des großen Bären sehen wir hinter ihm einen kleinen.

Die Deutung begegnet keinen Schwierigkeiten. Schon Heider sieht im Bären ein Symbol des Bösen, was durch einzelne mittelalterliche Darstellungen belegt werden kann. Auch schriftliche Quellen lassen sich anführen, so der Kampf Davids (Altes Testament) gegen den Bären oder die Stelle nach Eadmers Biographie des heiligen Anselm, wonach die Bärenjäger den guten Engeln vergleichbar sind (Endres). Der Bär ist, wenn er gegen den Menschen kämpft, bei Augustinus der Teufel selber. Er gilt auch als Sinnbild von Ira (Zorn), Violentia (Wildheit) und Luxuria (Genußsucht, Unzucht). Der Kampf Davids gegen den Bären wird daher auch, ebenso wie Samsons Kampf gegen den Löwen, als Vorbild für Christus in der Vorhölle gedeutet. Daß dem großen Bären ein kleiner folgt, kann als fortwirkende Kraft des Bösen gedeutet werden. Verglichen mit der Begebenheit aus dem Alten Testament und mit den Interpretationen des hl. Augustinus fällt auf, wie sehr auch diese Szene in eine Jagdszene in der Art eines Heldengedichtes übersetzt wurde. Dies zeigt sich nicht nur in der Verwendung der Waffen, sondern vor allem in dem Umstand, daß der Jäger einen zweiten Menschen aus den Klauen des Tieres befreit. Wieder ist der Höhepunkt des Kampfes dargestellt: kurz vor dem tödlichen Stoß, der die Entscheidung bringen soll. In der breiten Kampfstellung des Jägers, in seinem energischen Antlitz, im Brüllen des Tieres und in der schrägen, verzweifelten Kopfhaltung des gefangenen Menschen scheint auch die innere Bewegtheit und Spannung zum Ausdruck zu kommen. Die stilistisch vorgeschrittene Auffassung zeigt sich gleichfalls im Detail: in der wehrhaften Haltung der beiden Männer und in deren Kleidung. In großer, schwungvoller Bewegung unterstreicht der Rock des Jägers die mächtige Schrittstellung, die in ihrer summarischen Abkürzung sehr wirkungsvoll ist. Die weichen Leder- und Filzschuhe charakterisieren die Kleidung jener Zeit. Die Stilisierung all dieser vor der Natur beobachteten Vorgänge gibt der Szene die innere Gewalt, die über ein abstrahiertes Sinnbild hinausgeht.

Die Versuchung des Mannes

Gegenüber der figürlich reichen Erzählung des Bärenkampfes befindet sich links vom Fenster eine auf wenige Akzente beschränkte Gruppe. Eine vornehm gekleidete Frau mit Schleier und Schleppe, die mit der rechten Hand einen runden Spiegel vor die Brust hält, hat in der Linken ein kleines blühendes, aber entwurzeltes Bäumchen, das sie dem Mann reicht. Dieser hält in abwehrender Geste die Arme über der Brust nach unten verschränkt.

Auf Grund mittelalterlicher Schriften, Schauspiele und bildlicher Darstellungen hat Heider den Sinn der Frauengestalt als „Verführung" klargestellt. Der überreiche Schleier, der das Gesicht frei läßt, gilt als Zeichen der Putzsucht, der Spiegel als jenes der Eitelkeit. Auch der blühende Baum könnte sich auf die schwelgerische Lebensfreude beziehen. Endres und Novotny nennen die Gestalt „Luxuria" (Unzucht), da ihre Attribute den mittelalterlichen Darstellungen entsprechen. Es könnte sich aber auch um ein Sinnbild der Venus handeln. Die Haltung des Mannes bestätigt die Bedeutung der Szene. Mit hochgezogenen Schultern und nach unten verschränkten Armen steht er verschlossen und abweisend neben der verführerischen Gestalt.

Es zeigt sich ganz deutlich, daß man es – links und rechts des Fensters – mit zwei zusammengehörenden, aber entgegengesetzten Beispielen zu tun hat. Die Versuchung tritt an die Menschen heran: Einer besteht sie standhaft, der andere fällt in die Gewalt des Bösen, das sich in seiner tierischen Gestalt zu erkennen gibt. Die Bildsprache ist eindringlich und aus der täglichen Vorstellung entlehnt. Der Konzeptor von Schöngrabern verwendet keine schwierigen Metaphern, sondern übersetzt den Inhalt seiner warnenden Predigt in eine schlichte, aber ausdrucksstarke Sprache, er paßt sich dem volkstümlichen, weltlichen Gedankenkreis an.

Obgleich die Versuchungsszene inhaltlich auf ein ganz knappes Vokabular beschränkt ist, sind doch einige reichere Formen festzustellen. Das Gewand der „Luxuria" mit den schmalen, parallelen Falten hat eine dynamisch-dekorative Bewegung. Die dicke Schleppe wirkt wie abgeschnitten; der Faltenreichtum ist an deren Ende (wie etwa beim Garbenbündel Kains) sichtbar. Stilistisch wäre dazu an eine Plastik in Bardone zu erinnern. Der Schleier, der in einzelnen Schichten schuppenförmig in die Fläche gebreitet ist, verstärkt den Eindruck des weltlichen Aufwandes. Das blühende, aber entwurzelte Bäumchen liegt, ähnlich dem Paradiesbaum, auf einer erhabenen gleich großen Folie. Die feinen Wurzeln des Stammes verlaufen strahlenförmig in die Wand und deuten so eine Verbundenheit mit dem Hintergrund an, wie man dies sonst nirgends beobachten kann. Vielleicht sind auch die Verwitterungen an dieser nur scheinbaren Verschleifung schuld. Der Mann ist im Gegensatz zu der Frau ganz einfach dargestellt. Er trägt ein schlichtes Hemd, dessen Nähte man wieder ausnehmen kann; ein Untergewand ist angedeutet. Die Arme sind schmucklos. Das mit einem schmalen Bart gezierte Gesicht zeigt beinahe eine ängstliche, verschreckte Gemütsbewegung. Dieser Ausdruck wird vor allem durch den schmalen, zusammengekniffenen Mund und die hochgezogenen Schultern erreicht. Auch die angezogenen Zehen sind ein solches erstaunliches Charakteristikum, das eine genaue Beobachtung voraussetzt. Von einer starren Primitivität kann keinesfalls die Rede sein. Die sprechende Geste, das Überkreuzen der Arme vor der Brust wird von jeher als Geste der Abwehr, des Sich-Verschließens, des Nein-

Sagens verstanden. Die hochgezogenen Schultern sind eine bekannte Reflexbewegung des Erschreckens und der inneren Spannung, der Angst. Es sind dazu auch zahlreiche literarische und bildliche Belege angeführt worden.

Wenn Ignaz Pamer und ihm folgend Franz Dietheuer die Frauengestalt mit Potiphar und den Mann mit dem ägyptischen Josef identifizieren möchte, so wird damit eine Bedeutungsschicht angesprochen, die in dieser Szene durchaus enthalten ist, aber doch nicht ihr eigentlicher Darstellungsgegenstand ist. Schon von der Erzählung her finden wir Unterschiede. In der Genesis (39, 12) heißt es, daß Potiphar Josef bei seinem Kleid faßte, er vor ihr aber floh. Die Begebenheit selbst ist also nicht illustriert, auch nicht die spätere Verleumdung und Erhöhung Josefs durch den Phararo. Wenn man alle Sinnbilder Schöngraberns auf Christus bezieht, dann kann man in ihnen natürlich auch Vorbilder aus dem Alten Testament sehen.

Daß hier aber doch andere Vorstellungen im Vordergrund standen, zeigt sich in den Attributen der Frau. Mit der Blume in der linken und einem Spiegel in der rechten Hand sind, wie schon erwähnt, meist Venus oder Luxuria dargestellt. Versuchung und ihre Abwehr bilden daher Hauptgegenstand der Aussage. Die weitere Interpretation hängt von jenen geistigen Bezügen ab, die man im gesamten Programm zu erkennen glaubt. Der Kampf gegen das Böse ist gewiß die wichtigste Tendenz. Der Bezug zum vorbildhaften christlichen Leben ist darin enthalten. Das Beispiel aus dem Alten Testament könnte mitgedacht werden, es ist aber nicht zum Ausdruck gebracht. Es dominiert das Unmittelbare.

Die Sinnbilder und ihre Thematik

Nach einer Beschäftigung mit den einzelnen Bildgruppen muß nun nach dem Konzept dieser Dreiergruppe gefragt werden. Die sich an den Haaren des machtvollen Kopfes haltenden Menschen haben – so könnte man mit Anspielung auf Samson sagen – Anteil an der Kraft des Guten. Sie geraten aber in Gefahr (Bärenkampf) und müssen von dem tapferen Streiter Gottes gerettet werden. Sie können sich aber auch, das zeigt die linke Szene, den Versuchungen der Welt widersetzen. Verlieren die Menschen die Verbindung mit Gott, so verlieren sie auch ihre Geborgenheit und sind den Gefahren der Welt und dem Bösen ausgesetzt.

Bezieht man nun noch die Kapitelle, Säulchen und Basen in die Betrachtung dieser Bildgruppe mit ein, dann findet man, wie schon vorher erwähnt, gleichfalls eine Gegenüberstellung von Gut und Böse. Das Gute wird bereits ganz oben durch die drei Blätter im Rundbogenfries über dem Kopf, an dessen Haaren die Menschen hängen, dargestellt. Sinnbilder des Guten, die hin zu Christus weisen, geben auch die Kapitelle der Hängesäulchen: Es ist der Weinstock, die im Weingarten essenden Menschen und die Hasen, die sich von Trauben nähren (am Kapitell der rechten Hochsäule). Der Hase könnte in diesem Zusammenhang als Symbol des kurzen 48

Menschenlebens gelten; durch den Genuß der Trauben wird es am ewigen Leben teilhaftig. Die Kopfkonsole mit dem verflochtenen Bart kann als Schlaf, Tod, jedenfalls als ein Gegensatz zur wachen Teilnahme am ewigen Leben gedeutet werden. Diese Antithese spricht sich auch an den Reliefs der begrenzenden Hochsäulen aus. Rechts nach Norden zu sind ein in die Säule gebundener alter und ein junger Dämon zu sehen. Links gegen den Süden, gegen die Mitte zu, sind Hirsch, Löwe und Adler, lauter Christussymbole, dargestellt.

Während die Kapitelle der Säulen das Gute vorstellen, sind die Konsolen über den beiden Bildgruppen nicht in diese Reihe einzubeziehen. Sie zeigen zwei Widderköpfe. Jener über dem Bärenkämpfer zeigt Blätter mit Ranken, der über der Versuchungsszene schneckenartige Hörner. Die bleckende Zunge und die von Striemen zerfurchte Schnauze dieses Widders weist ihn als bösen Dämon aus, der einen deutlichen Gegensatz zu dem Opfertier der rechten Bildgruppe darstellt. Blätter und Ranken sind dort gewiß Hinweis auf gute Kräfte. Folgt man diesen Gedankengängen, dann fügt sich das gesamte Konzept dieser Gruppe im oberen nördlichen Feld zu einer sinnvollen Einheit. Das Gute dominiert in der oberen Zone in der Mitte, dort wo wir den Kopf mit den beiden Menschen sehen. Das Böse bildet den Rahmen: Bär und Luxuria. Die Säulenreliefs sind gegensätzlich. Das Böse im Norden, das Gute gegen Osten, wodurch (ebenso wie mit den gleichen Kapitellen zwischen dem nördlichen und östlichen Feld) eine Überleitung zur Samsonszene im Mittelfeld gegeben ist. Dieser Ordnung scheinen die Widderköpfe zu widersprechen. Doch solche Verschränkungen und Kontraste findet man mehrfach. Sie betonen gegen den Osten das Dämonische der Verführung, im Norden den Opferwillen des Kämpfenden, der seinem bedrohten Bruder zu Hilfe kommt. Sie beziehen sich auf die Bildinhalte der Reliefs. Die Konsole unter dem Hängesäulchen wirkt gebunden, inaktiv im Ausdruck. Man neigt daher, die Hängesäulchen als Rahmung des Fensters auf die Mitte zu beziehen, während die Widderkonsolen und die äußeren Kapitelle mit den Säulenreliefs die Polarität des Kampfes, und zwar in einer gegenseitigen wechselweisen Durchdringung, darstellen. Ein geistvolles Konzept, das sich in der Vielfalt der Bezüge offenbart.

Das östliche obere Feld

Anmerkungen S. 179–181

Der Teufel stürzt Menschen in die Todesschlingen

Die Ähnlichkeit der Gruppe über dem Fenster mit jener im nördlichen Feld ist offenkundig. Wieder sieht man einen Konsolenkopf und zwei sich über die Fensterrundung schmiegende Menschen. Der Kopf aber ist, wie schon vorher erwähnt, als Teufelsfratze gekennzeichnet. Der schiefe Blick, die tiefen Furchen, die das gesamte
49 Antlitz durchziehen, die herausgestreckte Zunge, lassen über die Art der Charakte-

risierung keine Zweifel. Das Ungeheuer hat die beiden Menschen mit seinen plumpen Armen am Kopf erfaßt, um sie tief in die noch lose hängenden Schlingen zu stoßen. Links sieht man eine Frau, die Hände auf die Brust gelegt, rechts einen Mann, der die Halsschlinge zu lockern sucht.

Wiebel hat bei seiner Deutung an den Teufel als Tod gedacht. Für eine Teufelsfratze sprechen die anderen mit Striemen bedeckten Gesichter an der Apsis, die eindeutig als Teufel gekennzeichnet sind. Doch schließt die Teufelsdarstellung den Tod nicht aus: ,,Der Teufel ist es, der des Todes Gewalt inne hat", lesen wir in dem Zitat des Hebräerbriefes (2, 14). Das verhängnisvolle Ende der beiden Sünder ist jedenfalls deutlich charakterisiert. Eine Unklarheit ergibt sich jedoch bei einer näheren Bestimmung der beiden Menschen. Wiebel bezeichnet sie als Symbole der Menschheit, als Mann und Frau. Obwohl die lange Kleidung um 1200 auch vom weltlichen Stand – von Edelleuten – getragen wurde, dürfte es sich hier doch um eine Darstellung von Mönch und Nonne handeln. Eine Unterscheidung der Stände zwischen arm und reich (Ignaz Pamer) ist kein Hauptanliegen in diesem Plastikenzyklus. Es geht vielmehr um ein drastisches Sinnbild, wie es sich auch am Riesentor der Wiener Stephanskirche zeigt, wo gleichfalls einem Menschen die Schlinge um den Hals gelegt wird. Die kurze glatte Haartracht und die Kutte passen sehr gut zur Erscheinung eines Mönches, die Haube charakterisiert die Nonne. Eine vornehme weltliche Dame wäre gewiß, wie bei den Bildern der Luxuria und Hoffart, durch Schmuckstücke, Schleier oder Kopfputz gekennzeichnet worden. Franz Dietheuer denkt in seiner jüngsten Interpretation an Herodias und Herodes, denn die Frau trifft die Schuld am Tod Johannes des Täufers und den Mann jene am Tod Christi. Auch die Konsolen der Hängesäulen werden in diesen biblischen Zusammenhang einbezogen. Die herabhängenden Hände werden von Dietheuer als die in Unschuld gewaschenen Hände des Pilatus gedeutet, die Kopfkonsole unter der rechten Säule als Kaiphas. Diese Interpretation ist aus dem Bestreben zu verstehen, im gesamten Figurenprogramm einen Bezug zu Christus herzustellen, was durch Vorbilder aus dem Alten Testament möglich wäre. Auf diese Gedankengänge soll noch später zurückgekommen werden.

Zweifellos geht es hier um keine Erzählung, sondern um ein allgemeingültiges Sinnbild, dessen Handlung von stärkster Ausdruckskraft ist: es geht um einen dramatischen Höhepunkt kurz vor dem Tod. Die übliche Bezeichnung dieses Reliefs, ,,zwei Menschen in der Gewalt des Teufels", trifft nicht den Kern der Darstellung. Die Menschen werden vielmehr in ihr Verhängnis gestoßen! Eine seitliche Ansicht der Szene von einem erhöhten Standpunkt aus, zeigt deutlich, wie der Teufel seine noch abgewinkelten Pranken auf das Haupt der Menschen legt. Er ist erst im Begriffe abwärts zu drücken. Verzweifelt sucht sich der Mönch zu befreien. Sein etwas schräg vortretender Kopf läßt diesen Ausdruck sogar im Mienenspiel erkennen. Die strenge Stilisierung hebt sich aber immer noch deutlich genug von der lebendigen Gestensprache und der genauen Wiedergabe der Realität ab. 50

Samson besiegt den Löwen

Das Feld rechts von dem Fenster zeigt Samson in Rüstung und Helm, wie er sich rittlings auf den laufenden Löwen geschwungen hat. Mit der rechten Hand greift er dem Tier in den Rachen, um es in Stücke zu reißen.

Die Deutung ist durch die Geste des Kämpfenden völlig klar. In Samson sah man im Mittelalter nicht nur den Bezwinger des Löwen und der teuflischen Gewalten. Durch die von Gott gegebene Kraft – man erinnere sich an die Frage „Was ist stärker als der Löwe?“ (Ri. 14, 18) – gilt Samson als ein Vorbild für Christus, der die Pforten der Vorhölle sprengt und die Gerechten zum Himmel führt. Die diesbezügliche Szene des Verduner Altars (1181) trägt auch die Inschrift „Vir gerit iste tuam leo mortis christe figuram“ (Dieser Mann vollzieht Dein Vorbild, Christus, der Löwe das Vorbild des Todes). Auf dem Gebiet der Plastik sei an das Riesentor von St. Stephan erinnert. Mit diesen Darstellungen hat das Relief von Schöngrabern die Geste Samsons gemeinsam, der den Löwen mit bloßen Händen überwältigt. Auf der Klosterneuburger Emailtafel steht der Kämpfende vor dem Tier, am Riesentor kniet er mit einem Fuß auf dem bezwungenen Feind.

Zieht man die nahezu vollplastische Gruppe von St. Stephan zum näheren Vergleich heran, dann wird man sich erst des strengen, aber gewaltigen Ausdrucks der Schöngraberner Figur bewußt. Um wieviel stärker ist, bei aller formelhaften Stilisierung, die Kraft der Aussage. Rittlings hält Samson, mit einem Fuß scheinbar fest am Boden stehend, das unter ihm fliehende Tier fest. Die Tatzen des Löwen ruhen nicht auf dem Boden, sondern suchen, etwas vor der Fläche schwebend, festen Halt. Daraus ergibt sich der Kontrast zu dem schwer aufliegenden Körper Samsons, der – man sieht die Bewegung deutlich unter dem weiten Rock – den Löwen niederzudrücken sucht. Das weit aufgesperrte Maul des Tieres läßt auf ein kraftvolles Zupacken der Hand schließen. Auch an dem zusammengekniffenen Mund des Kämpfers erkennt man die Energie. Eine gleiche Stilisierung realer Beobachtung kann man an den Kleidern finden: am Panzer, am spitzen Topfhelm (der um 1200 gebräuchlich war) und an den geflochtenen Zöpfen, die Samsons Kraft symbolisieren. Auch an diesen Details zeigt sich die charakteristische Stilstufe zwischen dem strengen Relief und der rundkörperlichen Plastik von St. Stephan, die ihre innere Monumentalität schon eingebüßt hat.

Der Wolf und der Kranich

Schon am Nordabschnitt der Apsis konnte man die Beobachtung machen, daß links und rechts des Fensters mit kontrastierenden Themen gearbeitet wird. Hier ist es ganz ähnlich. Dem Bezwinger des Teufels steht hier ein Tier der Fabel gegenüber und liefert sich mit Arglosigkeit und Einfalt wehrlos dem Bösen aus. Man erkennt auf dem beschädigten Relief noch sehr gut den Vogel, der dem Wolf den Schnabel in den Rachen steckt. Dieser beißt eben zu; der Vogel versucht sich nun mit abgespreizten Beinen zu befreien.

Heider hat die Deutung dieser Szene schon klargestellt. Als Bearbeiter eines Physiologus, der sich in Stift Göttweig befindet und der für die heimische Kunst bedeutungsvoll ist, war er mit den Äsopischen Tierfabeln und allen jenen im Mittelalter gebräuchlichen moralisierenden Auslegungen vertraut. Der Wolf, ein Sinnbild des Bösen, hat den Kranich mit Versprechungen gebeten, ihm einen Knochen aus seinem Rachen zu holen. Als der Kranich dann den Lohn forderte, schrie ihn der Wolf an, ob es nicht genug sei, daß er ihn unverletzt seinen Zähnen entschlüpfen ließ. Die dem Volk sehr vertraute Fabel benützte die christliche Kunst, um ein Bild vertrauensseliger Beschränktheit zu entwickeln, die ein leichtes Opfer der Frechheit und des groben Undanks werden kann. Der Wolf ist in der Heiligen Schrift (Mt. 7, 15) auch Sinnbild des falschen Propheten, er ist es, der die Schafe anfällt (Jo. 10, 12), und so kann auch die Auslegung von Augustinus „Wer ist der Wolf, wenn nicht der Teufel" verstanden werden.

In engste Verbindung mit dem Göttweiger Physiologus sind die Freskenmedaillons am ehemaligen Passauerhof in Krems zu setzen, die aus der gleichen Zeit (Anfang 13. Jahrhundert) stammen und zeigen, wie sehr dieses volkstümliche Sagengut zum Besitz der heimischen Kunst gehörte. Stilistisch fällt bei Vergleichen auf, daß es dem Plastiker von Schöngrabern nicht nur um die bloße Wiedergabe der vertrauten Szene ging. Er überläßt die Auslegung nicht allein dem Betrachter, sondern bezieht Stellung und dramatisiert den Vorgang. Novotny hob schon hervor, welchen entscheidenden Augenblick der Künstler wählte. Während im Fresko des Passauerhofes Wolf und Kranich nebeneinander stehen, befindet sich hier der Kopf des leichtgläubigen Vogels bereits im Rachen des Wolfes; noch aber sind die scharfen Zähne nicht endgültig geschlossen, noch wehrt sich der Kranich verzweifelt und sucht sich durch die am Körper seines Feindes angespreizten Beine zu befreien. Die blockhafte Form beschränkt sich auf die wichtigsten Bewegungen; ihre Funktion ist von konzentriertester Kraftanspannung erfüllt.

Die Sinnbilder und ihre Thematik

Abgesehen von den Beziehungen zu den seitwärts befindlichen Darstellungen ergibt das gesamte östliche Feld ein folgerichtiges Bild. Der thronende Gott – im unteren Teil – hält zwar den bösen Drachen nieder, dennoch aber wirkt der Teufel durch die Tat des Brudermordes in der Welt, er steht sogar an oberster Stelle. Er stößt Mönch und Nonne in die verhängnisvollen tödlichen Schlingen. Mit List bemächtigt er sich seiner Opfer (Tierfabel); nur die mutige Tat, der kämpfende Samson, vermag ihn zu überwältigen. Dieses Bild führt über Altes Testament und Tierfabel zum Neuen Testament; Samson ist ein Vorbild für Christus, der die Pforten der Hölle überwältigt. An diesen Gedanken knüpft das südliche Feld an.

Zur Gesamtbeurteilung der Bildgruppe gehören auch hier der figurale Zierat auf den Kapitellen, Säulchen und Konsolen. Der Rundbogenfries, der über dem Ostteil der Apsis nur geringen Raum hat, weist – vielleicht mit Absicht – keinen Schmuck auf; der mittlere, rund abgeschlossene Schenkel ist schmal, für ein Relief blieb kein Platz.

Die Hängesäulchen, links und rechts des Ostfensters – das linke ist abgebrochen –, dürften ursprünglich das gleiche Ornament, verschlungene Blattranken mit kleinen Blüten, aufgewiesen haben. Die Kapitelle sind verschieden. Links sieht man ein Blattkapitell mit Stern. Das rechte Kapitell trägt zwei symmetrisch angeordnete Adler, die sich auf eine Blattranke stützen, über ihr sieht man gleichfalls einen Stern, den schon Wiebel als Hinweis auf das Gericht gedeutet hat. Die Konsolen, zwei kraftlos herabhängende Hände und der Kopf mit den geflochtenen Barthaaren, sind, um es zunächst ganz allgemein zu formulieren, Zeichen des Tatenlosen, Inaktiven, wodurch sich ein Gegensatz zum Wachsein, wie es das nahende Gericht erfordert, ergibt. Dieses Konzept schließt sich, wie auch im nördlichen Feld, rahmend um die Fenstergruppe. Teufel, Tod und Gericht, sowie die völlige Unberührtheit davon, drücken wieder die gegensätzlichen, spannungsgeladenen Kräfte aus.

Die Konsolen über den seitlichen Reliefs geben allgemeine Sinnbezüge. Über Samson sieht man einen runden Kopf mit langem gelockten Haupthaar und Bart, über der Tierfabel eine Figur mit Faltenrock, deren Hände das Kapitell über dem Kopf zu tragen scheinen und deren Füße nach hinten aufwärts geschlagen sind. Diese beiden Darstellungen haben zu gegensätzlichen Ausdeutungen geführt. Wiebel sieht in dem Kopf den Tod als Freund, in der linken Figur einen Tänzer. Ganz anders interpretiert Dietheuer diese Konsolplastiken. Der Kopf ist für ihn das Sinnbild eines Götzendieners (Negers), links die Figur wäre ein Verdammter in einer, wie er meint, typischen Haltung.

Der Interpretation von Franz Dietheuer liegt ein ganz anderes Konzept zugrunde. Er sucht in den Bildern einen biblischen Sinn, der von den Vorbildern des Alten Testamentes zur Erfüllung des Neuen Testamentes führt. In diesem oberen östlichen Feld sind für ihn die beiden seitlichen Reliefs eine Art Schlüssel zum theologischen Verständnis. Über den opfernden Brüdern Abel und Kain sollen Kranich und Wolf an den Opfertod Christi und die Samsonszene an die Befreiung der Menschen aus der Vorhölle, an die Überwindung des Todes erinnern. Herodes, Herodias (Menschen in den Schlingen des Teufels), Pilatus (herabhängende Hände) und Kaiphas (Konsole mit geflochtenem Bart) werden so als Werkzeuge Gottes bei der Erlösungstat Christi interpretiert.

Dieser Ausdeutung wäre zunächst entgegenzuhalten, daß ein solcher Sinnbezug in den Darstellungen keineswegs erkennbar ist. Die Bibel wurde hier gewiß nicht illustriert; mag sein, daß sie mitgedacht werden kann. Wodurch ist denn, so kann man mit Recht fragen, die Darstellung von Herodes und Herodias verbürgt? Wodurch verweisen die Konsolen auf Pilatus und Kaiphas? Lassen sich die Konsolen über den Reliefs nicht viel besser eben diesen Szenen zuordnen? Der gelockte Kopf, als Sinnbild göttlicher Kraft, dem Samson; der schwebende Mensch mit seinem Faltenrock und den geschlitzten Augen (die einzige Figur, die so charakterisiert ist) dem Bild des Leichtfertigen? Weshalb wäre die Erlösungstat Christi nur in einer Tierfabel verschlüsselt, während der Teufel mit den Todesschlingen doch so deutlich dominiert? Was führt zur Veränderung der Tierfabel, die hier einen tödlichen Ausgang haben müßte? Auch die Gegenüberstellung der unteren und oberen Felder wirft weitere Fragen auf. Doch darauf soll bei der Zusammenfassung, die den Sinn des gesamten Konzeptes zu erfassen sucht, noch näher eingegangen werden.

Zuletzt sei auf die Dreiviertelsäulchen an der linken Seite verwiesen, die in den benachbarten Feldern (im Osten und Süden) wieder die gleichen Motive zeigen. Die Palmetten könnten nach Wiebel als Siegeszeichen, als Palmen, und die Köpfe als auferstandene Menschen gedeutet werden, was zum Bildthema des Südfeldes überleiten würde.

Das südliche obere Feld

Anmerkungen S. 181–183

Die Offenbarung Christi

Die Darstellung über dem südlichen Fenster bringt formal eine ganz andere Disposition. Waren bisher zwei Menschen mit der Konsole in einen unmittelbaren Zusammenhang gebracht, so sieht man in den Bogenzwickeln nun Figurengruppen. Der Christuskopf mit der segnenden Geste und dem geöffneten Buch weist auf Offenbarung, Erlösung und Gericht. Links sieht man sechs bauchige Schnabelkrüge, auf denen eine Taube steht, rechts die Madonna mit Kind auf einem von Löwen getragenen Thron. In ihrer Rechten hält sie eine Frucht. Die Deutung ist seit Heider unbestritten. Im Anschluß an die Darstellungen über den anderen Fenstern ergibt sich hier eine Steigerung. Als Gegensatz zu der urtümlichen Darstellung des Guten (rechts) und zu dem Teufelskopf (in der Mitte) tritt hier im Süden das Erlösungswerk des Neuen Testamentes vor den Betrachter. Die Darstellung der Majestas domini, die segnende Hand und das Buch der Offenbarung, wie man es oft im Tympanon von Portalen sieht, ist mit den darunter befindlichen Szenen in Verbindung gesetzt. Der segnende Gestus weist auf die sechs Krüge der Hochzeit zu Kana, über denen symbolhaft der Heilige Geist schwebt. Dieses Wunder der Verwandlung bezieht sich zugleich auf das Altarsakrament, auf die Rettung der sündigen Menschen durch Christus. Eine Anspielung auf die sechs Menschen- oder Weltalter (Adam, Noe, Abraham, David, Jeremias und Christus) oder auf die Schöpfungstage ist als zweiter beigeordneter Sinnbezug durchaus möglich. Das Buch der Offenbarung hat einen Zusammenhang mit der Geburt des Erlösers, der es zugewendet ist. Die heilige Maria trägt das Kind auf dem Schoß und hält es mit der linken Hand liebevoll umschlungen. Mit der Rechten bietet sie ihm einen Apfel dar; der Blick ist zur Mitteldarstellung gerichtet. Verschiedene Interpretationen haben den Gegenstand in der Hand Mariens auch als Weltkugel bezeichnet, wodurch man einen Hinweis auf Christus als Weltenlehrer hätte. Dies würde jedoch eine Wiederholung des Symboles über dem Fenster bedeuten. Bei näherem Zusehen erkennt man, daß die heilige Maria diese Kugel, die sie zwischen Daumen, Zeige- und Mittelfinger hält, dem Kind darbietet. Ihre linke Hand richtet den Kopf des Kindes auf; dieses scheint die dargebotene Frucht essen zu wollen. Es steht daher außer Zweifel, daß mit der Kugel die Frucht vom Baum des Lebens gemeint ist. Die Überwindung der Erbsünde durch Christus ist das Thema. Die Löwen unter dem Thron verweisen auf Wächter des salomonischen Thrones, als Sinnbild herrscherlicher Macht und Weisheit. Die Erlösung des von der Erbsünde behafteten Menschen durch Christus ist das große Thema der Mitteldarstellung; gewiß sind darin viele andere Gedanken eingeschlossen, aber nicht speziell zum Ausdruck gebracht.

Die Darstellung der Trinität (Pamer S. 171 f) halte ich nicht für wahrscheinlich. Gottvater ist im östlichen, unteren Feld bereits dargestellt. Die Wiederkunft Christi am Tage des Gerichts ist durch das Christuskind am Schoße Mariens keineswegs vorweggenommen, im Gegenteil, das Programm findet so seine Erfüllung.

Dieses Streben nach allgemeiner Gültigkeit kommt auch stilistisch zum Ausdruck. Zuerst aber fällt die schon so oft beobachtete Naturnähe ins Auge: Die Formung der Tonkrüge, die bäuerliche Schnabelgefäße zum Vorbild haben, dann das sorgsam gemeißelte Gefieder der Taube und die ausgeprägten Hände im Gestus Christi. Auch der Thronsessel ist genau studiert: die achteckigen Füße mit Würfelkapitellen und die mit Kugeln und Kreuzbogen gezierte Lehne. Die Parallelfalten der Gewänder Mariens lassen die körperliche Bewegung gut erkennen und geben der Gestaltung einen feinen Rhythmus. Die Spange, die den Umhang an der Schulter zusammenhält, ist für die naturnahe Beobachtung des Künstlers bezeichnend. Vergleicht man den Kopfschmuck mit dem der anderen Frauendarstellungen, dann wird die Annahme bestätigt, daß es sich über dem Ostfenster tatsächlich um eine Nonnendarstellung handelt. Das Tuch und der Reif am Kopf der heiligen Maria unterscheiden sich grundsätzlich von den Nonnenhauben mit den charakteristischen Seitenteilen.

Eine weitgehende Differenzierung spiegelt sich auch in der Wiedergabe des Psychischen. Auf die liebevolle Handhaltung Mariens wurde schon verwiesen, auch auf die vorzügliche Beobachtung, wie sie mit drei Fingern den Apfel hält und ihn mit den unteren beiden, die abgewinkelt sind, unterstützt. Nur ein Künstler, der sich mit dem Leben befaßte, war zu solchen Feinheiten fähig. Er wagte sich auch an die Seitenansicht und wendet – dies ist ganz neuartig – den Kopf des Kindes vom Betrachter weg. Wie streng und frontal wirkt dagegen die Darstellung Mariens an den

Portalen von Regensburg oder Bogenberg. Wie zusammenhanglos erscheint die Bildsprache am Nordportal von St. Jakob: die Reliefs links und rechts der Marienfigur sowie der Drache darunter.

Dennoch aber geht der Künstler von Schöngrabern in der Realisierung nie zu weit. Der Gesichtsausdruck ist über ein individuelles Empfinden erhaben, streng und großartig wirkt die Majestas-domini-Darstellung.

Verdammnis und Hölle

Das Relief rechts vom Mittelfenster zeigt eine vornehm gekleidete Frau. Sie trägt einen von Schleiern gezierten Kopfputz und ein langes Kleid mit Schleppe. Darauf hat sich ein kleiner, häßlicher Teufel niedergelassen, der sich mit Beinen und Händen fest daran klammert. Ein anderer größerer Teufel hat die Frau bei der Hand ergriffen, während er mit einer zweispitzigen Gabel in seiner Linken in einen Kessel sticht, in dem man drei Menschenköpfe sieht. Die Teufel sind plumpe, nackte Gestalten und durch die von Striemen bedeckten Gesichter eindeutig charakterisiert.

Der Teufel, der einer adeligen Frau auf der Schleppe sitzt, könnte gemäß eines mittelalterlichen Sprichwortes auf das Laster der Hoffart verweisen. Der Luxuria und der leichtgläubigen Beschränktheit wäre somit ein weiteres ähnliches Symbol an die Seite gestellt. Hier fehlt jedoch das Motiv des Kampfes, das tragische Ende ist besiegelt, es gibt kein Entrinnen. Es dürfte sich daher – wieder eine viel allgemeinere Auslegung – um eine völlig dem Bösen verfallene Frau handeln. Der Teufel zieht die Frau in die Hölle; die im siedenden Kessel befindlichen Menschen (sie werden nicht auf der Pfanne geröstet) lassen keine Zweifel darüber, daß die Szene ein Bild des Infernos wiedergibt.

Deutlich und drastisch wie die Bildsprache ist auch die Charakterisierung des einzelnen. Dem plumpen Körper des Teufels ist das modische Gewand der Frau gegenübergestellt. Die Fransen des Schleiers, der viereckig gerahmte Edelstein über der Brust und der mit Perlen geschmückte Kopfreif sind ganz genau wiedergegeben; auch die spitzen, modischen Schnabelschuhe, die auf einem Polster zu ruhen scheinen. Wieder sind die zu engen Röhren zusammengelegten Falten des Gewandes an den geraden Schnittflächen sichtbar. Im großen und ganzen betrachtet, ist diese Höllendarstellung in einer Abkürzung sinnbildhaft konzentriert wiedergegeben. Sie unterscheidet sich dadurch von den französischen und englischen Reliefs, die diese Begebenheiten viel ausführlicher schildern. In Ketten werden dort die Sünder abgeführt und einem großen Drachen in den Schlund geworfen. Evangelisten, Apostel, Propheten und Vertreter der Nationen sind Zeugen der letzten Dinge; der Jahreskreis umschließt diese großangelegten Kompositionen. In Schöngrabern geht es nicht um die Menschheit, sondern um den Menschen. Gerade diese Konzentration auf das Schicksal des Einzelnen bestimmt die starke Wirkung des Reliefs. 56

Tod, Gericht und Himmelfahrt

Der Zyklus schließt mit dem Jüngsten Gericht. Der Kampf des Guten mit dem Bösen in der Welt, der in so vielfältigen Szenen behandelt wurde, endet mit dem Gericht über den Menschen. Der Erzengel Michael hält in der rechten Hand das Buch des Lebens, mit der linken die Waage; darunter liegt arm und bloß der tote Mensch, dessen Verdienste und Fehler gewogen werden sollen. Rechts von ihm steht ein großer nackter Teufel, der in seiner Linken eine Rolle mit dem Sündenregister hochhält. Ein anderer Teufel schleppt in einem Sack – an dem kleine Bündel und Marterinstrumente (Zangen) geschnallt sind – die bösen Taten herbei. Gegenüber den dramatischen Kampfmotiven der früheren Darstellungen, die den guten Ausgang nur ahnen ließen, ist hier die Entscheidung schon gefallen. Der Teufel versucht, mit einem Stäbchen die Waagschale zu seinen Gunsten niederzudrücken, die guten Werke aber, hier als Früchte dargestellt, sind gewichtiger. Die Seele des Menschen hebt sich gleich einem Vogel empor, sie ist gerettet.

Diese sehr beschädigte Darstellung ist in ihrer Detailbehandlung stilistisch nur schwer auswertbar. Am besten ist das priesterliche Gewand des Engels erhalten, das reich gefaltet ist und einen mit Edelsteinen besetzten Saum hat; die schöne mittlere Zierleiste kennt man von anderen Darstellungen der Zeit. Fein gemeißelt sind die Falten und die schuppigen Flügel. In starkem Kontrast dazu stehen die plumpen Teufel mit den großen Köpfen. Auch hier zeigen sich viele Feinheiten der Beobachtung: die lockere Pergamentrolle, die durch den festen Zugriff des Teufels leicht eingedrückt wird und sich am Rande umschlägt, und die auf den Sack des zweiten Teufels gebundenen Gegenstände.

Novotny führte zum Vergleich das Tympanon von Autun an, vor allem ein Kapitell von St-Europe in Saintes, das auch einen Teufel mit der Sündenlast und das Niederdrücken mit dem Stäbchen zeigt. Nirgends aber ist bei diesen frühen Darstellungen eine ähnliche Monumentalität erreicht. Neben der starren frontalen Haltung des Engels, der auf sicherem Podest steht, sieht man die laufenden, schwebenden Teufel, die mit bewegten Gesten heraneilen, was durch die seitliche Ansicht besonders deutlich wird. So verklingt der von rechts nach links fortschreitende Strom der Bewegung allmählich. Die wohl akzentuierte Komposition führt über die Fratze des Teufels und den kleinen toten Menschen zur strengen Haltung des Engels, dessen Gesichtsausdruck leider völlig zerstört ist. Bei aller Liebe zum Detail (Gewänder) und zur genauen Beobachtung (die Art, wie der Engel die Waage in der Hand hält), zeigt sich eine sichere Beherrschung des Themas. Geht es um die Charakterisierung, dann setzt sich der Künstler über alle Errungenschaften der exakten Wiedergabe hinweg. Er verzerrt die Darstellung des Teufels und schildert besonders eindringlich den Sünder. Diese bewußte Stilisierung, die Aufgabe der gewohnten Proportionen, hat daher nichts mit primitiver Auffassung zu tun. Sie dient einer expressiven Steigerung, einer Akzentuierung und Charakterisierung.

Die Sinnbilder und ihre Thematik

Die Konsolensäulchen links und rechts des Südfensters sind vollständig erhalten. Sie tragen gleiche Ornamente. Als Motiv sieht man ein stilisiertes fächerartiges Blattwerk mit Voluten und kleine Sternchen in den Zwischenflächen. Das Kapitell der linken Säule hat ein stilisiertes Blattwerk, das rechte eine dicke Weinrebe, ähnlich wie jenes rechts vom Nordfenster. Gerade aus diesem Beispiel mag man ersehen, daß der Begriffsinhalt größer und weiter ist als das differenzierte Symbol. Den einzelnen verschiedenen Zeichen entsprechen daher keine unterschiedlichen Bedeutungen, sondern eine Bedeutung kann durch mehrere Zeichen illustriert werden. Der verschlungene Weinstock, die Ranken und das Blattwerk sind Sinnbilder des Guten. Jede weitere Ausdeutung würde den Inhalt einengen und brächte moderne Gesichtspunkte in diesen strengen Aufbau. Die Konsolen selbst haben in erster Linie eine dienende Funktion und stehen in jenem schon mehrfach beobachteten Gegensatz. Den Sinnbildern des Guten an den Kapitellen stehen, unten an den Konsolen, niedergehaltene Dämonen gegenüber. Links sieht man eine teuflische Tierfratze mit heraushängender Zunge, rechts eine Katze, die eine Maus zwischen den Zähnen hält. Die Katze kann hier als Teufel, die Maus als Seele gedeutet werden, da der Teufel die Seele wie eine Katze die Maus verfolgt.

Die Konsolen unter dem Architrav haben Beziehung zu den darunter befindlichen Szenen. Rechts über der Höllenfahrt sind zwei Adler und ein Stern zu sehen. Dieses geläufige Symbol – schon Wiebel verwies auf Gernrode und das Wiener Riesentor von St. Stephan – ist ein Zeichen des Jüngsten Gerichts. Der gefiederte Adler bedeutet die Verdammnis, der glatte die Auferstehung in Herrlichkeit.

Bei der Gerichtsszene links befinden sich ausnahmsweise zwei Konsolen: unterhalb ein Widder, oberhalb beim Architrav ein aufwärts schwebender Mensch, der in seiner linken Hand zwischen Daumen und Zeigefinger ein Geldstück hält. Während bei dem Emporschweben die gerettete Seele gemeint sein könnte – auch der Vogel, der einen Flügel ausbreitet und auf dem Fuß des Schwebenden sitzt, deutet darauf hin –, läßt der Widder verschiedene Deutungen zu. Am ehesten wäre an den Ersatzwidder für Isaak, also an ein Vorbild für Christus, zu denken. Eine bewußte Gegenüberstellung von oberer und unterer Konsole dürfte zu dem wahren Inhalt führen: Brandopfer des Alten Testaments und der durch Christus befreite Mensch. Gerade dieser Deutung widerspricht Dietheuer. Der schwebende Mensch ist für ihn ein Verdammter, jener Reiche, Habsüchtige, von dem Lukas (12, 16–21) berichtet, daß er Schätze sammelt, aber arm vor Gott ist, wenn von ihm noch diese Nacht das Leben gefordert würde.

Neuerlich wird uns die Problematik einer solchen Ausdeutung bewußt. Wir erkannten im Laufe der näheren Betrachtung und der Beschreibung, wie entscheidend die Positionen von oben und unten sind, von „getragen werden“ und „belastet sein“, und wie ausdrucksstark die Gesten selber wirken können. So betrachtet, wirkt die Haltung des Menschen leicht und schwebend. Wenn wir uns etwa die genau wiedergegebenen Beinkleider und die weichen Schuhe des Menschen ansehen, dann wundert es doch, daß bei solcher Detailbehandlung nirgends ein Gebundensein, wie es einen Verdammten charakterisieren müßte, zum Ausdruck kommt. In solcher Divergenz der Interpretationen sollen wir uns neuerlich an den schon genannten Grundsätzen orientieren: Erstens wollen wir den Sinn aus dem Bild empfangen und nicht umgekehrt. Zweitens soll uns die Anordnung von oben und unten, von links und rechts zum Erkennen der Mitte führen, von der aus die inhaltlichen Positionen deutlicher werden. Zur Rechten Christi finden wir das Gute, zu seiner Linken das Böse. Das zeigte uns schon die Szene der beiden opfernden Brüder Kain und Abel. Die bisher durchgeführte Detailbetrachtung und die Hinweise auf die größeren Zusammenhänge sind die Voraussetzung für die nun folgende Zusammenfassung.

Deutung und Bedeutung

Anmerkungen S. 183–184

Viele Deutungsversuche haben ihre Extreme in einer zu eng gefaßten oder in einer sehr ins allgemeine gehenden Ausdeutung. Konkrete Sinngebung oder weitgespannter Symbolbegriff sind Grenzen, die sich konsequenterweise aus der Vieldeutigkeit der Bilder ergeben. Einmal geht die Interpretation von dem geschriebenen Wort, der schriftlich nachweisbaren Quelle aus, zum andernmal ist der sinnbildhafte Ausdruck ihr Ausgangspunkt. Gehen wir bei dem christologischen Konzept von Schöngrabern vom Wort, also von der Schrift aus, dann finden wir im Alten und auch im Neuen Testament viele Belege. Solche Sinnbezüge, Vorbilder oder „Schattenbilder", die sich alle auf die Erlösungstat Christi beziehen, eröffnen jedoch sehr bald ein weites Feld. Die Deutungen, die wir in den Schriftstellen finden, sind, wie es die Literatur beweist, nicht nur äußerst vielfältig, sondern auch an bestimmte Zusammenhänge gebunden. Aus ein und demselben Bild können oft konträre Aussagen herausgelesen werden. Die vielen Interpretationsmöglichkeiten sind an sich ein Gewinn, weil sie den umfangreichen Bedeutungsinhalt aufzeigen; die Gefahr liegt aber darin, daß man einzelne passende Deutungen aus dem weiten Spektrum auswählt, damit ein System bildet und manche Inhalte auf das System abstimmt.

Die andere Betrachtungsweise, die nur das klar Erkennbare gelten lassen will, übersieht oft, daß sich der Sinn mittelalterlicher Kunst niemals in der Illustration an sich kundtut, sondern daß er im Wechselspiel der Positionen eine weitere Sinngebung erfährt. Ein besonderes Problem sind dabei Ornamente, Pflanzen, Schimären, Tier- und Menschendarstellungen, die im Dekorativen zu leben scheinen und keine eindeutige Aussage haben.

Mit den Möglichkeiten und Grenzen des Deutbaren in solchen Bereichen hat sich Josef Gantner in einer eigenen Studie auseinandergesetzt. Bei aller Autonomie, die zu den Grundprinzipien der romanischen Kunst gehört, ist doch eine Beziehung zwischen Inhalt und Variation der Formen festzustellen. Gantner spricht von einer Abstufung des sakralen Gehaltes und zeigt an romanischen Portalen, wie eine Steigerung vom Ornament zur sakralen Mitte festzustellen ist. Das Portal von Aulnay ist solch ein treffendes Beispiel, obwohl das Tympanon, das Zentrum der konzentrisch zusammenlaufenden Komposition, nicht vorhanden ist. Auf solche geistige Mittelpunkte bezogen, erscheinen die Ornamente und ungegenständlichen Elemente in ihrer Form wohl indifferent, aber doch in eine inhaltliche Beziehung gesetzt. Das Heilige wie das Böse lebt in verschiedenen „Modi", die der künstlerischen Intention keine völlige Freiheit geben. Die Symbole und Monstra, als höhere Stufe, nähern sich der Realität, sie sind deutlicher, aber auch begrenzter in ihrer 60

Aussage. Antike Sagen, Legenden, Tierbücher, lokale Predigten und Traditionen sind ihre Inspirationsquelle. Wichtig ist der Hinweis Gantners auf den Beschluß des Konzils von Nicäa (787), wonach der Künstler nur für die Ausführung verantwortlich ist, Anordnung und Disposition obliegt den Patres. Wenn Bernhard von Clairvaux in seinem Protest gegen den reichen weltlichen Schmuck der Kirchen die Löwen, Zentauren, Fabelwesen und Halbmenschen verbannte und ihr Wesen lächerlich und ohne Notwendigkeit fand, so darf man daraus nicht den Schluß ziehen, daß sie nur Augenweide waren oder nicht verstanden wurden. Der große Reformator forderte Klarheit, Konzentration und Vergeistigung. ,,Was sollen die lächerlichen Ungeheuerlichkeiten im Klosterhof?" fragte er wörtlich. Das Beherzigen der Gebote Gottes ist ihm wichtiger als das Anstaunen der Sonderbarkeiten. In dieser Kritik spiegelt sich eine neue religiöse Einstellung, die den Sinnbildern aber durchaus nicht ihren Wert nimmt.

Welche formalen Grundgesetze in diesen Verwandlungen zu erkennen sind, hat Baltrušaitis mit vielen schematischen Zeichnungen erwiesen; ein neuerliches Argument gegen eine bloß inhaltliche Interpretation der Einzelheiten. Die Verwandlung der Formen von Pflanze, Tier und Mensch war dem romanischen Betrachter ebenso geläufig wie die Steigerung der Wirkung, die Stufenfolge der Welt. Entscheidend war es, auf diesem Kampfplatz der Geister die Unterscheidungskraft zu schärfen, das Gute wie das Böse zu erkennen, den Blick zu schulen und das wahre Ziel zu finden. Dies war Aufgabe des Betrachters. Das Kunstwerk ist somit ein Spiegelbild der Welt: auch hier gilt es, den Kampf zu bestehen, den richtigen Weg zu finden.

Aus der bereits gebotenen Beschreibung der einzelnen Figurengruppen an der Apsis von Schöngrabern ließen sich konkrete Sinnbezüge erkennen, obwohl noch manche Fragen offenbleiben mußten. Vom Einzelnen ausgehend, ist eine weitere Klärung meist auch nicht möglich, das Detail kann verwirren oder zu viele Wege und Möglichkeiten eröffnen. An diesem Punkt angelangt, ist es gut, weiter zurückzutreten, das Gesamte zu überschauen und nach größeren Zusammenhängen zu forschen, wobei die gewonnenen Fixpunkte der Interpretation Leitlinien geben und zur Frage nach dem Grundsätzlichen berechtigen.

Bei den Bildinterpretationen war deutlich zu erkennen, daß die Szenen nur Teile eines größeren geistigen Konzeptes sind. Bei Adam und Eva beginnend, führt es in die visionären Bereiche der Wiederkunft Christi, hin zum letzten Gericht. In diesem Bildprogramm, das Altes und Neues Testament umfaßt, in dem sich Tierkämpfe, Laster- und Tugenddarstellungen sowie antike Tierfabeln vorfinden, wirkt die Dramatik der menschlichen Urtragödie: Der Kampf des Guten gegen das Böse, ja noch mehr: der Kampf des Gottesstaates gegen den Teufelsstaat. Diese lapidare Feststellung, die sich jedem Betrachter auch ohne differenzierte Interpretation sofort aufdrängt, nötigt zu der Frage, in welchem Verhältnis das Gute und das Böse zueinander stehen, wie die Bildfolge an der Apsis von Schöngrabern konzipiert ist und wie sich die vieldeutigen Bilder durch ein erkennbares System ordnen lassen.

Über den geistigen Mittelpunkt, das Zentrum des guten Prinzips, gibt es kaum eine Unklarheit. Es geht hier ja nicht um irgendeine Bildwand, sondern um die Apsis einer Kirche, die das Sanktuarium, den heiligen Altarraum, umschließt, jenen Ort also, an dem der Priester die Gläubigen täglich im Meßopfer mit Christus verbindet. Hier wird auch der Kampf im Dualismus dieser Welt entschieden, der wahre Weg gewiesen und der Friedensgruß weitergegeben. Gerade im Osten der Apsis, unter jenem Mittelfenster, unter dem sich innen der romanische Altarstein befindet, sehen wir außen den thronenden Gott, dem Kain und Abel ihre Opfergaben darbringen. Von hier hat die Interpretation also auszugehen, wobei wir vorerst die enge Nachbarschaft zu den dämonischen Kräften noch unberücksichtigt lassen. Wir wollen das Wirken beider Prinzipien getrennt darstellen, um dann die Verflechtung um so besser zu erkennen.

Von der Figur des majestätisch thronenden Gottes mit Segensgestus und dreifaltigem Zepter ergeben sich zwei große diagonal aufwärts führende Blickrichtungen hin zu dem Prinzip des Guten, zu jenem Kopf, an dessen Haaren sich die Menschen festhalten, und hin zu dem sich offenbarenden Christus, zum wahren Beherrscher dieser Welt, an dessen Seite wir die Taube des Heiligen Geistes und Maria auf dem Thronsessel sehen. Wir dürften nicht fehlgehen, in den seitlichen Bildern dieser südlichen Mittelgruppe eine Darstellung der Kirche zu sehen, jener Kirche, die Christus gründete, deren Fürsprecherin Maria ist und die der Heilige Geist, der in den Sakramenten wirkt, lenkt. Suchen wir nach diesem Blick empor auch nach einer horizontalen Verbindung zwischen den beiden äußeren Gruppen über den Fenstern, dann mag man in der Gegenüberstellung so etwas wie Vorbedeutung (Norden) und Offenbarung (Süden) erkennen. Die guten Kräfte vermögen nur in Christus den wahren Weg zu finden. In den nördlichen Feldern sehen wir sowohl unten wie oben den Menschen im Kampf gegen das Böse. Seine Geborgenheit im Guten ist folglich nur eine scheinbare. In den südlichen Feldern ist jedoch der Kampf durch das Gericht entschieden. Hier hat Christus den Gerechten, den nach dem Guten Strebenden, von der Sünde erlöst, ihn aus den Fesseln befreit und in sein Reich aufgenommen. Das Böse wird verurteilt und fällt der Verdammnis anheim.

Ein Detail scheint sich in solchem Zusammenhang noch deutlicher zu klären. Der auf der Konsole aufwärtsschwebende Mensch kann kein Verdammter sein. Er ist, wie bereits gesagt, keineswegs gefesselt, er schwebt frei, blickt empor und lächelt. Sonst ist der Mund der Schöngraberner Figuren stets ernst verschlossen und die Mundwinkel sind herabgezogen. Dieser Mensch hat die rechte Hand betend emporgehalten, in der linken weist er zwischen Daumen und Zeigefinger eine Münze vor, er umschließt sie keineswegs habgierig, wie es jener Reiche tun würde, der nur „Schätze für sich sammelt, aber nicht reich ist vor Gott" (Luk. 12, 21). Der „bergende" Vogelflügel trägt ihn empor, gibt die „Zuversicht Gottes".

Das böse Prinzip hat sein Zentrum direkt über dem Guten. Hier stürzt der Teufel, wie wir gesehen haben, die Menschen in die Todesschlingen. Den Teufel finden wir auch links unten, wie er Adam und Eva erfaßt, wir finden ihn als Drache unter dem thronenden Gott, wie er sich zweier Menschen bemächtigt. Kain wird abwärtsgehalten, Abel jedoch aufwärts, er ist vom Drachen nicht gänzlich verschlungen, er harrt seiner Rettung durch Christus. Das Böse wirkt, ebenso wie das gute Prinzip, an den Reliefs des Nordfeldes und tritt im Süden dem heiligen Michael, dem Drachentöter und Seelenwäger, offen, ohne Verkleidung entgegen. Der Teufel erfaßt jene, die der Sünde verfallen sind, er hat jedoch über den Menschen, dessen gute Werke mehr Gewicht haben, keine Macht. Wir erkennen – wie dies auch die Graphik im Anhang in schematischer Abkürzung zu zeigen versucht –, daß sich beide Kräfte durchdringen. Es ist dies eine aufstrebende und eine absinkende Kraft. Das Gute weist empor, das Böse abwärts zur Erde. Der Teufel, der Fürst dieser Welt, und Gott, der Herr über Leben und Tod, sind die beiden machtvollen Prinzipien. Im Leben des Menschen kommt es zum Kampf. Gehen wir die einzelnen Szenen noch einmal durch, um die Steigerung besser zu erkennen.

Der Brudermord im unteren mittleren Feld weist zurück zum Urgrund aller Sünden, zu Adam und Eva, aber auch vorwärts zum Löwenkämpfer. In den oberen Feldern finden wir weitere Konfrontationen. Im Norden sehen wir rechts den guten Bärenkämpfer und den vom Bösen erfaßten Menschen in den Pranken des Tieres; links jenen, der sich der Verführung standhaft widersetzt. In der Mitte, im Osten ist links der leichtfertige Kranich dargestellt, der sich vom Bösen verführen läßt und vom Tod bedroht ist, rechts davon Samson, der den Löwen bezwingt und auf Christus, den Überwinder des Todes, verweist.

Wieder klärt sich aus solchen geistigen Bezügen neuerlich die Interpretation: Der bedrohte Kranich – die Fabel läßt ja einen guten Ausgang erhoffen – kann hier nicht als Vorbild des Opfertodes Christi gelten, denn Christus wird ja weder vom falschen Prediger noch vom Verführer bezwungen. Im Gegenteil, er, der gute Hirte, rettet seine Schafe vor dem Wolf, der doch als Sinnbild des Teufels gilt.

Ganz klar ist die Konfrontation im südlichen Feld: hier geht es um die Letzten Dinge: um Tod, Gericht, Himmel und Hölle. Es kommt zur Entscheidung. Gott und das Dämonische stehen einander gegenüber. Im Norden, zur Linken Christi, sieht man den Menschen in der Macht des Teufels, im Süden, zu seiner Rechten, wird er der Erlösung teilhaftig. Christus ist der neue Adam, Maria die neue Eva.

Doch der düstere Rahmen bleibt gewahrt. Ganz außen im Süden befindet sich, wie schon hingewiesen, eine Konsole, die auf die Sünde hinweist und im Norden eine, die den Teufel symbolisiert. Auch unten am Sockel des Chorquadrates lagern Tiere.

In dieser sehr dramatischen Gliederung wäre auch noch die Gegenüberstellung von antiken Sinnbildern (Äsop-Fabel, Venus – Luxuria) und alttestamentarischen Szenen in den beiden oberen Feldern zu beachten. Freilich, entscheidend ist das Kräftemessen, der Kampf der beiden Prinzipien. Zwar ist der Sieg fast nirgends errungen, doch sind an die Bilder verschiedene Erwartungen geknüpft. Wir wissen um den Sündenfall und auch um die Tatsache des Brudermordes. Wir kennen aber nicht den Ausgang des Löwenkampfes. Das gute Ende ist im Hinblick auf Daniel zwar anzunehmen, es wird aber nicht gezeigt. Dieses Offenlassen oder das Wissen um eine Entscheidung ist in den oberen Feldern noch auffallender. Wir erkennen nicht, ob der Bärenkämpfer seinen in Not geratenen Bruder noch rechtzeitig befreien kann, wir sehen aber, daß der Mann gegenüber jede Versuchung abweist und ihr daher auch nicht verfallen wird. Wir wissen nicht sicher, ob der Kranich ein Opfer des Wolfes wird, gewiß aber ist, daß Samson den Löwen besiegt.

Weltliches und Alttestamentarisches geben gemeinsam einen Hinweis auf den Sieg Christi. Dies bedeutet, daß die Erzählung vom Alten Testament ausgeht, über die Kämpfe dieses Lebens führt, auf Vorbilder hinweist, bis das Gute und dessen Sieg schließlich durch Christus offenbar wird. In diesem Ablauf erkennen wir verschiedene Abschnitte, die den Epochen der Menschheitsgeschichte entsprechen, die eine Entwicklung des Bewußtseins und eine Steigerung der Erkenntnisfähigkeit zum Ausdruck bringen. Vom Löwenkämpfer führt der Weg zu Samson, von der mahnenden Tierfabel zur Verheißung der Erlösungstat. Im Gericht wird der durch das Leben hinziehende Kampf schließlich entschieden, aber nicht für alle, nur für den einzelnen Menschen. Auch nicht im Kampf selber, sondern durch die Gnade der Erlösung.

Aus solchen Überlegungen, die vor dem Figurenzyklus der Apsis gewonnen werden können, ist es durchaus wahrscheinlich, daß im weltlichen Bereich, das heißt in den nördlichen Feldern der Apsis, auch allgemeine Anspielungen, die in der Zeit verstanden wurden, enthalten sind. So etwa auf den kämpfenden und siegenden Helden, welchen die Dichtung preist, oder auf die Kuenringer selber und vielleicht auch auf den Anlaß der Stiftung dieser Kirche.

Im Schnittpunkt der Einflüsse

Anmerkungen S. 184–188

Die Bedeutung eines Kunstwerkes ist wohl in erster Linie durch die Kraft seiner zeitlosen Aussage bestimmt. Da es aber für eine gewisse Zeit geschaffen war und aus ihr heraus entstanden ist, müssen wir es auch vergleichend betrachten, denn gerade dadurch werden uns neue Dimensionen seiner Wirkung und seiner Aussage bewußt. Der folgende Überblick will daher europäische Vergleichsbeispiele heranziehen, um die formale und geistige Position Schöngrabherns in ihrer Eigenart noch deutlicher zu machen.

Die Architektur, das zeigte schon die vorangegangene Beschreibung, entspricht einem in Niederösterreich bekannten Typus, der ganz deutliche Merkmale der zisterziensischen Bauweise – Quadernbau mit Wandlisenen, Hängepilastern und stark profilierten Gesimsen – aufweist. Auch das Baumaterial, Waldviertler Quarzsandstein, beweist, daß die Architekturglieder und auch die Skulpturen im Raum von Schöngrabern, vermutlich sogar an Ort und Stelle, gearbeitet wurden. Von dieser an lokale Traditionen gebundenen Bauweise hebt sich der figurale Schmuck ab. Zwar sind an den Architekturgliedern, an den Basen und am Dekor der Kapitelle eine gewisse Verwandtschaft mit Bauornamenten in den Stiften Zwettl, Heiligenkreuz und Lilienfeld festzustellen, doch ist bei den Zisterzienserklöstern stets eine strenge Askese gewahrt, die von der reichen Bildsprache Schöngrabherns weit übertroffen wird. Für diese Skulpturen finden sich überhaupt keine direkten Vergleichsbeispiele: der Figurenzyklus an der Apsis ist einmalig und kennt kein Gegenstück. Mit dieser Feststellung haben wir zugleich das Wesen dieser Kirche charakterisiert: lokale Gebundenheit und Unvergleichbares in einem.

Fritz Novotny hat das Verdienst, die formbildenden Kräfte der romanischen Plastiken von Schöngrabern untersucht zu haben. Er hat sich auch mit dem figuralen Schmuck von romanischen Apsiden vergleichsweise befaßt und dabei die Eigenart von Schöngrabern hervorgehoben. Die Apsis der Benediktinerkirche in Königslutter setzt zum Beispiel nur einen Jagdfries in den Rundbogenfries über dem Sokkelgeschoß der Mittelapsis ein, dem in seiner dekorativen Einbindung keine selbständige Wirkung zukommt. Ebenso wirken die Apsiden in Reichenhall, Brenz und Murbach. Die Apsiden an den französischen Kirchen Saint-Paul-les-Dax bei Bayonne und Selles sur Cher südlich von Blois führen Reliefs um die Apsis herum, die appliziert wirken, also weder in das architektonische Gefüge eingeordnet noch einem geistigen Baukonzept verpflichtet sind. In England finden wir kein solches Beispiel, ebensowenig in Italien, wo der figurale Zierat sich mehr und mehr von der architektonischen Gebundenheit befreit und selbständige Wirkung anstrebt.

Während wir in Mittel-, Süd- und Westeuropa an den Apsiden nur eine Dekoration im Bereich der Friese, Applikation ohne Ordnung und eine Verselbständigung des Bildes gegenüber der Architektur finden, zeigt der Osten Europas reichen Apsidendekor, so bereits an der armenischen Klosterkirche in Achthamar, an der Prokowkirche und an der Demetriuskathedrale in Wladimir, an den Kirchen in Ssusdal und Jurjew-Polskij; die letzteren sind allerdings nach Schöngrabern datiert. An diesen Sakralbauten finden wir die Fassade teils mit Flachreliefs übersponnen und am Sockelgeschoß der Demetriuskathedrale einen von Hängesäulchen getragenen Rundbogenfries, in dessen Oberteil Heiligenfiguren eingeordnet sind. Inwieweit die Konsolsäulchen in Schöngrabern als spezifisch östlich oder eher zisterziensisch (teils mit italienischem Dekor) anzusprechen sind, ist in der Literatur umstritten, auch der Umstand, daß ein solcher dekorativer Apsidenschmuck, wie er im Osten zu finden ist, auf Schöngrabern eingewirkt haben könnte. Wenn Novotny im östlichen Mitteleuropa auf die Apsis der ungarischen Benediktinerkirche in Ják und auf die Jakobskirche in Kuttenberg in Böhmen verweist, so ließe sich an diesen Beispielen nur eine sehr allgemeine östliche Komponente konstatieren, eine Rückwirkung des Ostens auf den Westen. Diese Bauten können für Schöngrabern keineswegs als direktes Vorbild aufgefaßt werden. Der Apsidenschmuck von Ják (1241–1256) ist außerdem nach Schöngrabern zu datieren und zeigt auch ein ganz anderes Verhältnis zur Architektur. In Kuttenberg handelt es sich nicht um eine Apsis, sondern um die Südseite der Kirche, um eine Arkadenreihe, in die Heiligenfiguren eingestellt sind.

Einen kurzen Hinweis verdienen noch die Hänge- oder Konsolsäulchen. In der italienischen Kunst finden wir wohl verwandte Ornamente, an Stelle von Konsolen aber raumgreifende Plastiken als Träger. Man nimmt an, daß auch die ornamentierten Säulchen am Nordportal von St. Jakob in Regensburg auf italienischen Einfluß zurückgehen. Das Vorkommen solcher architektonisch-dekorativer Elemente bedeutet aber noch keine Abhängigkeit: meines Erachtens ist die Art der Verwendung entscheidend. An der Demetriuskirche in Rußland sind die Konsolsäulchen dekorativer als in Schöngrabern, sie zieren eine turmartig hohe Apsis, ganz oben im Bereich des Frieses, haben aber keinen Bezug zur Gliederung eines Skulpturenprogrammes. Verwandter ist der Vorbau des Riesentores von St. Stephan in Wien. Hier war die oberste Zone im Sinne einer ,,Himmelsstadt" gegliedert.

Überblicken wir die hier nur kurz skizzierten Vergleiche, dann finden wir im Bereich der Architektur nur im heimischen zisterziensischen Kunstbereich halbwegs sicheren Boden für ein Nachwirken von Vorbildern. Die Art der frei stehenden Säulchen finden wir am nächsten in Oberitalien (Trient). Der Figurenschmuck und sein geistiges Programm sind aber nirgendwo vorgezeichnet und auch nicht direkt ableitbar. Solche Erkenntnisse bestätigen, daß es wenig Zweck hat, sich diesen Fragen nur mit formalen Vergleichen zu nähern. Die Kirche von Schöngrabern ist als Einheit zu verstehen. Architektur und die interpretierenden Skulpturen – Form und Inhalt – sind voneinander ebensowenig zu trennen wie Innenraum und Außenraum. 66

Die Apsis ist keine Fassade, sondern projiziert die Botschaft nach außen. Der Altarraum ist ihr geistiges Zentrum. Dieser Sinnbezug bahnt ein wirkliches Verständnis an; er hat weder mit Dekor, mit bildhafter Gliederung oder mit einer Applikation von Szenenfolgen zu tun. Zu tiefgreifend sind die Bezüge von Architektur und Bildsprache.

Untersucht man die einzelnen Figurengruppen unabhängig von solchen größeren Zusammenhängen und vergleicht man sie mit verwandten Szenen anderer romanischer Reliefs im europäischen Raum, wird das Einmalige noch deutlicher. Da solche Beispiele im Dokumentationsteil des Buches genannt und teils auch abgebildet sind, kann hier das Ergebnis kurz zusammengefaßt werden. Es zeigt sich dabei, daß der Stil der Figuren, Ornamente, Pflanzen, aber auch Tierkampfmotive, Gerichtsszenen und Teufelsfratzen – ganz allgemein gesprochen –, die meisten Vergleichsbeispiele im südwestlichen Frankreich hat. Wir finden in diesem Raum auch einen Skulpturenschmuck an Apsiden und einzelne besondere Motive, wie etwa die um einen Bogen gereihten Figuren. Die drastische Sprache mancher Gesten kommt aber aus England und Irland. Wenn man bedenkt, daß am Schottenkloster in Regensburg der irische Mönch Rydan mit seinen Ordensbrüdern arbeitete, so ist bereits ein Weg angegeben, der von Regensburg aus in Bayern, Salzburg und Österreich weiterwirken konnte. Im frühen 13. Jahrhundert müssen wir dann noch mit einer Verstärkung der lombardischen oberitalienischen Einflüsse rechnen, mit der körperlichen Verselbständigung der einzelnen Figurengruppen vor der glatten Wand und einer räumlich wirkenden Plastizität. Der ernste Ausdruck in Mienen und Gesten, die strenge Linienkunst und die Art der Bearbeitung, die wir in Schöngrabern beobachten können, sind den westlichen Vorbildern verpflichtet. Auch für das geistige Konzept des ganzen Skulpturenzyklus trifft der westliche Einfluß zu. Aus dem Osten könnte die Vorstellung einer Bildwand begünstigt worden sein, obgleich sich bei unserem Denkmal die klare Einordnung der Skulpturen in die Architektur davon grundsätzlich unterscheidet. Wir können daher von südlichen, vielleicht auch von östlichen Tendenzen sprechen; Grundlage bleibt die westfranzösische Romanik und die iro-schottische Bildpredigt.

Obwohl das inhaltliche Konzept von Schöngrabern seine Eigenart besitzt und nicht ableitbar ist, wurde die Portalwand der Schottenkirche von St. Jakob in Regensburg immer wieder als Vorbild für Schöngrabern genannt. Verwandte Kapitellformen, ornamentierte Säulchen mit teils glatten Schäften, Palmettenmotive und Bandverschlingungen, aber auch einzelne Figurentypen sind im Bereich des Formalen stets vergleichsweise angeführt worden. Natürlich auch die Unterschiede dazu: es sind dies die teigigen, abgerundeten Formen an den Reliefs der Jakobskirche, die viel stärkere ornamentale Gesinnung. Was vom Konzept aus zum Vergleich anregt, ist die Teilung in eine obere himmlische und untere irdische Zone, die Stufenfolge vom Dekorativen über das Pflanzliche und Tierische zum Humanen sowie die Tierkampfmotive und die Gegenüberstellung von Maria und Antichrist, von Kirche und

Teufelsstaat sowie die Verklammerung des guten und bösen Prinzips. Christus lehrt und richtet diese Welt, er führt in Regensburg wie in Schöngrabern aus Sünde und Tod zum ewigen Leben. Es geht auch hier um die Wiederkunft Christi, um die Erwartung der letzten Dinge. Franz Dietheuer, von dem die letzte Deutung des Schottenportals stammt, denkt auch an zeitgeschichtliche Anspielungen. So vermutet er im Bild des Antichristen den Sultan Saladin, der 1187 das Kreuzfahrerheer bei Hattin vernichtend geschlagen hatte, am 2. Oktober 1187 in Jerusalem als Eroberer einzog und in den Besitz der kostbaren Kreuzreliquie gelangt war. Wenn man nun bedenkt, daß St. Jakob in Regensburg das Mutterkloster der Kongregation für den südöstlichen Raum war, daß die Kreuzfahrer unter Führung von Friedrich Barbarossa am 11. Mai 1189 von Regensburg aus aufbrachen, dann verstärken sich solche geschichtlich-religiösen Bezüge. Die Fassade der Klosterkirche war einer belebten Hauptverkehrsstraße zugekehrt, und man kann annehmen, daß diese eindrucksvolle Bildpredigt in ihrer Aussage auch von der Laienwelt verstanden wurde.

Der Bau von Schöngrabern entstand später, nach dem dritten Kreuzzug, also nach der Gefangennahme und dem Tod des Königs Richard Löwenherz, nachdem auch der Bann, mit dem Herzog Leopold V. von Österreich belegt wurde, im Jahre 1194 gelöst worden war. Da Hadmar II. von Kuenring, Oberster Schenk in Österreich, auf dessen Schloß Dürnstein der englische König gefangengehalten wurde, vermutlich der Erbauer der Kirche von Schöngrabern war, ist diese Stiftung auch oft als Werk der Sühne bezeichnet worden. Solche Beweggründe können wir zur Zeit Herzog Leopolds VI. (1195–1230) ausschließen. Herzog Leopold, auch der Glorreiche genannt, war ein Förderer der Kirche und ein tapferer Streiter gegen den Unglauben. Die Frage des Lösegeldes für Richard Löwenherz war bereinigt, auch war sie eine Angelegenheit, die zwischen dem österreichischen Herzog und dem englischen König abgemacht werden mußte. Der Gedanke eines Sühnebaues wegen Gefangensetzung eines Kreuzritters ist daher keineswegs mehr aktuell und spiegelt sich auch nicht im Programm der Skulpturen. Um so aktueller aber blieb die Idee des für Gott streitenden christlichen Ritters und des Kampfes gegen den Antichrist, denn Jerusalem war weiterhin in der Hand der Mohammedaner. Auch der vierte Kreuzzug (1202–1204) brachte keine Wende. Dieser religiös-politische Auftrag verbindet Schöngrabern mit der Bildsprache des Regensburger Schottenportals und es paßt durchaus in diesen Zusammenhang, daß sich in dem tapferen Löwenkämpfer eine Anspielung auf die „treuen Hunde von Kuenring“ verbergen könnte, war doch Hadmar selber als tapferer Streiter im Jahre 1217 nach Jerusalem aufgebrochen, zu einer Kreuzfahrt, die ihn in den Tod geführt hatte. Seine Stiftung in Schöngrabern ließe sich als Aufruf und Mahnung interpretieren und aus dem Sendungsbewußtsein erklären.

Einer direkten Ableitung Schöngraberns von Regensburg widersetzt sich nicht nur der ikonographische, sondern auch der stilistische Unterschied. Das Konzept von Schöngrabern ist unmittelbarer, klarer in der Sprache, es ist nicht mehr so verschlüsselt. Hadmar II. könnte für den in zisterziensischer Tradition errichteten Bau nach dem Vorbild von Regensburg einen irisch-schottischen Bildhauer verpflichtet haben, der, mit der Bildsprache der französischen Romantik vertraut, die Skulpturen nach dem Konzept eines Theologen geschaffen hat. So würde sich auch der altertümlich wirkende strenge Stil, das Maskenhaft-Starre, erklären. Es besteht auch kein Widerspruch zu den lombardischen Elementen, ja sogar östliche Anregungen ließen sich durch den Kontakt der Kaufleute und Kreuzfahrer erklären.

Wenn wir nun weiters beobachten, daß einzelne Motive von Schöngrabern am Kämpferfries des Wiener Riesentores Verwendung finden (Löwenkampf, der Teufel mit der Schlinge, Brudermord, Gerichtsadler usw.), dann spricht dies für die Faszination, die von Schöngrabern ausstrahlte. Den Stil des Schöngraberner Bildhauers können wir allerdings nicht weiter verfolgen, wohl aber die vorgegebenen Inhalte. Die Reliefs am Riesentor haben wieder den runden, verschliffenen Charakter, an dem sowohl normannische als auch frühgotische Einflüsse erkennbar sind. Die Bildhauer von Schöngrabern dürften nach Erfüllung dieses Auftrages das Land wieder verlassen haben.

Nach diesen stilistischen und zeitgeschichtlichen Betrachtungen sind die Skulpturen noch in ihrem formalen Aufbau und ihrer Komposition zu analysieren, wobei man hier im wesentlichen den sehr verdienstvollen Forschungen von Fritz Novotny zu folgen hat. Novotny hat die Technik untersucht und gezeigt, daß die Figuren dem Block formal verhaftet sind. Sie finden auch, bis auf zwei Ausnahmen, mit der Größe des Blocks ihr Auslangen. Bei Adam und Eva ist die Figurengruppe im unteren Drittel durch eine Quadernfuge (gerade in Kniehöhe) zusammengesetzt. Bei Kain und Abel verläuft die Fuge weniger störend, gerade unterhalb des Thronsessels. Die unterschiedlichen Quadergrößen an der Apsis folgen, wie man leicht feststellen kann, den Angaben des Bildhauers. Ihre Größe wird durch die figurale Szene bestimmt. Ist eine Gruppe nicht aus einem Quader zu gestalten, werden die verschiedenartigen Teile bausteinartig zusammengesetzt. So besteht die Kain-und-Abel-Szene aus vier Blöcken: einer für den thronenden Gott, einer für den Drachen, der dritte für Kain und Abel links, der vierte, schmälere, für Kain rechts vom Thron. Man erkennt hier auch, wie das Maul des Drachens freiplastisch über die Quaderngrenze emporragt, worin eine sehr dynamisch wirkende Überwindung der starren kubischen Form zum Ausdruck kommt. Ähnliches sehen wir beim Bärenkampf. Der Kopf des Bären und der des gefangenen Menschen sind freiplastisch vor die Wand gesetzt; auch beim Wolf ist es ähnlich. Die stilitische Entwicklung geht somit deutlich von den unteren zu den oberen Feldern. Es beginnt beim „Zerteilen" (Sündenfall), führt zum „Zusammensetzen" (Kain und Abel) und beschränkt sich schließlich auf einen einzigen Quader (Löwenkämpfer), was zu einer strenggefügten Komposition führt. Daß man zuletzt die Quadern nach der Komposition richtete, zeigt der Kampf Samsons mit dem Löwen. Auch das Verhaftet-Sein mit der Fläche
69 läßt in den oberen Feldern nach. Bei der Gerichtsszene finden wir die meisten frei-

plastischen Elemente, was zu den stärksten Zerstörungen führte. Bezeichnend und charakteristisch ist auch die Tatsache, daß die Figurengruppen über den Fenstern mit den Rundbogenprofilen aus einem Stück gemeißelt sind, was neuerlich zeigt, wie das geistige Konzept und die Arbeitsweise des Bildhauers den Bau der Apsis mitbestimmten. Das Unterordnen steht am Anfang, das Freiwerden der Plastik am Ende der stilistischen Entwicklung.

Das räumliche Übergreifen von Figuren beweist, daß die Blöcke bereits vor dem Versetzen vom Bildhauer ausgearbeitet waren, nachher wäre eine Formung wegen des geringen Abstandes nicht mehr möglich gewesen. Einzelne geringfügige Korrekturen waren freilich anzubringen, dürften aber infolge der strengen Blockgebundenheit nicht nötig gewesen sein. Wenn wir aus den 19 verschiedenen Steinmetzzeichen eine zumindest ebenso große Anzahl von Arbeitern annehmen, dann ist anzunehmen, daß der Bauplan in einem Zuge ausgeführt werden konnte.

Ein Vergleich mit der Regensburger Schottenkirche zeigt, daß dort eine ähnliche Blockgebundenheit festgestellt werden kann. Auch hier richten sich die Steingrößen nach den geplanten Figuren; auch hier überragen Köpfe die oberen Quaderkanten. Man erkennt also bereits im Technischen eine gewisse Verwandtschaft mit Schöngrabern, wenn auch die Reliefs in Regensburg noch flacher sind, sich nirgends so zur Dreiviertelplastik steigern und auch nicht so stark übergreifen. Die neuentdeckten Steinmetzzeichen sind sehr ähnlich. Ob Schöngrabern einst auch bunt gefärbt war, wie man es in St. Jakob nachgewiesen hat, läßt sich nicht entscheiden.

In dieser Tendenz zur raumgreifenden Figur, die sich ganz vom Block löst und über Grenzen hinausweist, offenbart sich eine starke dynamische Geste, die zu der architektonisch gebauten, kubisch blockhaft geformten Skulptur im Gegensatz steht und sich zu der formalen Gebundenheit in einem sehr starken Spannungsverhältnis befindet. Dieser Kontrast verstärkt sich noch im Ausdruck der Szenen: im Herbeieilen, im Laufen und Schweben. Dazu kommt noch die Handlung selbst. Die Szenen bringen nämlich, wie schon ausgeführt, keine endgültige Entscheidung. Adam greift erst in den Baum, Eva führt den Apfel erst zum Mund, Kain hat Abel noch nicht erschlagen, der Löwe ist vom tödlichen Schlag noch nicht getroffen, der Mensch wurde aus den Klauen des Bären noch nicht befreit, Samson hat den Löwen noch nicht zerrissen, der Wolf dem Kranich nicht den Kopf abgebissen und die hoffärtige Dame wurde noch nicht in den Feuerkessel gesteckt. Eine solche Konzeption trägt ein Leben in sich, das alle formalen Bindungen sprengt.

Ähnliche Spannungen zeigen sich zwischen den detailreich ausgearbeiteten Realien und den walzenförmig verschliffenen anschwellenden Formen. Die vielen nach der Natur beobachteten Details: Gewänder, Rüstungen, Waffen, Tongefäße, Zierate am Thronsessel; ferner die Körperhaltung, Gesten und Gesichtsausdruck stehen im schärfsten Gegensatz zu den viel zu kleinen gedrungenen Körpern, deren Gliedmaßen wie die einer Stoffpuppe wirken. Keineswegs dürfte man zu dem Schluß verleitet werden, daß hier ein primitiver Bildhauer am Werk gewesen wäre. 70

Die monumentale runde Form vor den glatten Quadern, der starre weite Blick, die Reduktion auf eindringliche große Gesten, das Stilisieren des Dekors entsprechen daher einer Absicht. Sie will nicht Figuren, sondern Ereignisse darstellen. Dies läßt uns mitten in einer Entwicklung zur naturnahen Realität eine Tendenz erkennen, die sich ganz allgemein im frühen 13. Jahrhundert nachweisen läßt: das bewußte Bekenntnis zur urtümlichen, eindringlichen Bildsprache, die in dieser unruhigen Zeit Sicherheit geben sollte und durch Verstärkung der Ausdruckskraft mahnend über den Kampf berichtet, den der Mensch zu bestehen hat. Gerade diese Tatsache, daß in altertümlichen, unpersönlich wirkenden Formen ganz neue, aktuelle Inhalte wirken, gibt den Skulpturen jene starke Wirkung. Die Entscheidungssituationen bleiben gegenwärtig, sie sprechen den Menschen unmittelbar an. Die Umsetzung des Lebensnahen in das Sinnbildhafte verleiht dem Gleichnis jedoch wieder eine über das Zeitliche hinauswirkende Gültigkeit. So wirkt beides ineinander und miteinander.

Älteste bekannte Ansicht von Schöngrabern.
Titelblatt von: Franz Sartori, Österreichs Tibur, Wien 1819

Das Zeitliche und das Zeitlose im Kunstwerk

Anmerkungen S. 188–189

Die verschiedenen bisher vorgebrachten Erkenntnisse mögen dem Leser die Weite des Bedeutungsumfangs eines solchen Skulpturenprogrammes bewußtmachen. Das Kunstwerk, das wir in und aus seiner Zeit zu verstehen suchten, hat aber auch seine eigene Geschichte, es wurde stets mit anderen Augen betrachtet, es wurde vieles hineingesehen und herausgelesen. Solche Erkenntnisse sollen aber keineswegs dazu führen, das Kunstwerk in seiner Zeit, also in der Historie, einzukapseln. Der kurze Rückblick, im 19. Jahrhundert beginnend, kann bewußtmachen, wie die verschiedenen Auffassungen an der Geschichte von Schöngrabern mitgeschrieben haben, wie sich der Geist der Zeit jeweils im Kunstwerk spiegelte. Da dies eine durchaus legitime Aufgabe eines Kunstwerkes ist, wird dieser Überblick bis in die Gegenwart führen. Unser Vorteil liegt darin, daß wir das Geschichtliche mitdenken können, daß unser Bild von Schöngrabern reicher geworden ist.

Es liegt im Wesen eines Kunstwerkes, daß seine stärkste Komponente, dies ist meist der Inhalt, den Ausgangspunkt geistiger Auseinandersetzungen bildet. Die Plastiken von Schöngrabern sind einer steinernen Bibel, einer bildhaften Predigt vergleichbar. Diese einst geläufigen Inhalte aber waren allmählich dem Bewußtsein des Volkes entschwunden und fanden in späteren Epochen beim Betrachter gewiß auch keine Resonanz. Erst im Zeitalter der Romantik wendete man die Blicke wieder forschend in die Vergangenheit und befaßte sich mit den Merkwürdigkeiten der vaterländischen Kunst, die man als Ausgangspunkt einer ehrwürdigen Tradition, aber auch als Voraussetzung der eigenen Stellung erkannte. In diese Zeit fällt die Wiederentdeckung von Schöngrabern.

Am 27. November 1816 brachten die „Erneuerten vaterländischen Blätter für den österreichischen Kaiserstaat“ einen Artikel des Wirtschaftsdirektors Eissl in Ernstbrunn unter dem Titel „Neuentdecktes altertümliches Denkmal in Österreich, wahrscheinlich aus den Zeiten der Nibelungen“. Diese in Briefform gehaltene Abhandlung über Schöngrabern berichtet im Tonfall einer Reiseschilderung von der Kirche und gibt eine recht eingehende Beschreibung der Skulpturen. Einer Deutung weicht der Autor weitgehend aus, apostrophiert dafür Schlegel und den Berliner Literarhistoriker Hagen, den Herausgeber der Minnesänger und des Nibelungenliedes. Er beschränkt sich, auf die christliche Mythe (Adam und Eva) und die symbolischen Tier- und Teufelsdarstellungen hinzuweisen. Richtig ist die Datierung in die späte Babenbergerzeit sowie die Betonung des weltlichen Charakters vieler Sinnbilder, die als eigentümlich deutsche Kunst mit den Nibelungen in Zusammenhang gebracht werden. Diese Beziehung zur heidnischen und altgermanischen Auffassung, die neben den christlichen Sinnbildern stark hervortritt, wird auch von der ältesten Literatur (1828–1855) über das Nordportal von St. Jakob in Regensburg hervorgehoben. Darin spiegelt sich im besonderen die Auffassung der Romantik, die sich mit lebhaftem Interesse der ,,altdeutschen vorchristlichen Kunst" zuwandte. Mathias Eissl hat sich noch ein zweites Mal, und diesmal etwas ausführlicher, mit Schöngrabern befaßt. Seinem Beitrag in Franz Sartoris ,,Österreichs Tibur" aus dem Jahre 1819 hat er auch zwei eigene Zeichnungen zum besseren Verständnis beigegeben, eine Titelvignette mit einer allerdings ungenauen Darstellung der Kirche (S. 72) und ein Faltblatt mit den Plastiken der Apsis. Allgemein und fehlerhaft ist auch der historische Überblick und die Datierung des Bauwerkes, das ,,nicht vor 1100 entstanden sein dürfte". Das Kirchenschiff – sicher durch die damalige Übertünchung der Quadern dazu verleitet – hält der Autor für einen späteren Zubau. Seine Beschreibung der einzelnen Skulpturen, die übrigens zeigt, daß alle Zerstörungen auch damals schon erkennbar waren, vermitteln dagegen eine recht gute Vorstellung. Er hebt klar hervor, daß es sich um einen plastischen Zyklus handelt, der links unten beginnt und in der oberen Reihe von rechts nach links gelesen werden muß. Den Ausgangspunkt bildet die Darstellung von Adam und Eva, der nun verschiedene Gruppen folgen. Jede dieser Szenen enthält, wie Eissl schreibt, ,,zwei sich entgegengesetzte, im offenen Kampfe oder geheimer listiger Überredung tätige Prinzipien, welche sich wechselweise zu beherrschen streben. Dies hat sich", so fährt der Autor fort, ,,an der Symbolik am dritten (südlichen) Fenster geändert. Das Suchen, Kämpfen und Ringen um das verlorene Wort des Lebens scheint geendet zu sein und die Harmonie spricht sich in den Theilen wie im Ganzen aus." Eissl deutet die letzte Szene als Totengericht und hat damit den wesentlichen Inhalt der gesamten Darstellung sowie ihren fortschreitenden Ablauf richtig erkannt. Bei der Entschlüsselung der einzelnen Symbole legt er sich Zurückhaltung auf und beruft sich auf ein Werk Hammer-Purgstalls, ,,das ehestens erscheinen soll, sich mit dem Wesen der Templer und ihren Zwecken befaßt" und auch den Sinngehalt dieser Symbole deuten wird.

Der Dichter, Gelehrte und Wegbereiter der Orientalistik, Joseph Freiherr von Hammer-Purgstall, genoß zu seiner Zeit bedeutenden wissenschaftlichen Ruf. Hammer, der 1819 ,,Briefe aus und über Ernstbrunn" (1816) in Sartoris ,,Tibur" veröffentlichte, dürfte durch Eissl mit den Plastiken von Schöngrabern bekannt geworden sein. Ob diese ihn zu seiner Arbeit über die Templer inspirierten, ist ungewiß, sicherlich war ihm das Baudenkmal für seine These sehr willkommen, da es als einer der Hauptzeugen aufgerufen wird. Eissl war, wie aus seiner zweiten Arbeit hervorgeht, über die Ansichten Hammer-Purgstalls informiert. Er zeichnet sogar eine der Plastiken (heute an der inneren Nordwand des Kirchenschiffes) als Tempelritter in seine Titelvignette ein und nennt seinen Beitrag ,,Das Templermonument zu Schöngräbern". Auch auf Sartori hat die kurz vorher erschienene Studie Hammers (1818) großen Eindruck gemacht. In einem Nachwort betont er, daß Eissls

Aufsatz schon lange vor der Veröffentlichung Hammer-Purgstalls in seinen Händen war, und daß der Verfasser diese neue Deutung nicht mehr benützen konnte. Immerhin sieht man, so schließt Sartori, ,,wie sehr dieses Templer-Monument zu Schöngrabern aller Aufmerksamkeit würdig sei, man wird aber auch wahrnehmen, daß eben dieses Monument erst durch diese Abhandlung des Herrn Ritters von Hammer in seinen Skulpturen seine klare Verständlichkeit erhält". Wie sehr man von Hammer-Purgstalls Autorität beeindruckt war, bekundet außerdem das Vorwort des Herausgebers, das Eissl vor wissenschaftlichen Angriffen in Schutz nehmen möchte und betont, daß der Verfasser seinen Aufsatz nur über besonderen Wunsch des Herausgebers der Publizität preisgab.

Hammer-Purgstalls Abhandlung ,,Mysterium Baphometis revelatum seu fratres militiae templi, qua Cnostici et quidem Ophiani opostasiae idoluiae et impuritatis convicti per ipsa eorum monumenta", die er im 6. Band der ,,Fundgruben des Orients" (1818) in lateinischer Sprache veröffentlichte, befaßt sich überhaupt nicht mit dem Kunstwerk von Schöngrabern, sondern nur mit der Deutung der Plastiken. Nach einem Kapitel über die Ideale und die Verfehlungen der Templer sucht er die Kirchen von Schöngrabern, Waltendorf (Wultendorf), Perchtoldsdorf (Karner), Deutschaltenburg, Murau, Prag und Eger als Beispiele ihrer Lehre und ihrer Schuld anzuführen. Diese Ansichten werden auch durch bildliche Vergleiche belegt, wofür der Antikenzeichner Peter Fendi eine Reihe von Symbolen und Skulpturen auf beigeschlossenen Tafeln zeichnete. Von Schöngrabern ist die Darstellung von Adam und Eva, der Thron Gottes, der Kampf mit dem Löwen aufgenommen. Auch zwei Plastiken von Wultendorf befinden sich darunter.

Hammer-Purgstalls Interpretation geht weder von historischen Quellen noch vom Bauwerk aus, sondern strebt nur danach, die Skulpturen als Beweis seiner Auffassung über die Schuld der Tempelherren zu interpretieren. Das erste Feld soll den Ursprung der Geheimnisse darstellen. Die tierische Gestalt an der Seite Evas wird als Hund, als Führer der Gnosis, gedeutet, während der Dämon, der Adam anfaßt, Jaldabaoth oder Sabaoth sein soll, der Adam – nach der gnostischen Lehre – vor der Versuchung der Schlange bewahren will. Wie weit diese eigenwillige Umdeutung Hammer-Purgstalls geht, zeigt der Umstand, daß die Teufelsfratze, von der Seite betrachtet, Ähnlichkeit mit dem dornengekrönten Christus haben soll. Das zweite mittlere, untere Feld soll den thronenden Templer, dem Geschenke dargebracht werden, vorstellen. Das Ungeheuer unter seinem Thron, der Drache, wird als gnostisches Symbol des Weltherrn gedeutet, der alle in die Geheimlehre Uneingeweihten verschlinge und wieder ausspeie. Der Kampf mit dem Löwen im dritten Feld symbolisiert nach Hammer-Purgstall den Sieg der Gnosis über die Lehre Jaldabaoth; die Hunde sind eine Anspielung auf die Hodegetes, die Wegweiser. Die oberste Reihe wird als Lebenszyklus eines Templers interpretiert. Die Abhängigkeit von der Geheimlehre sollen die beiden hängenden Gestalten über dem Fensterbogen beweisen. Rechts befreit ein alter Gnostiker einen Jungen, der sich ,,schamlos" an dem

Bären festzuhalten sucht, links ist der Jüngling gegenüber den weiblichen Verlokkungen bereits unempfindlich. Über dem mittleren Fensterbogen sieht Hammer Jaldabaoth, der Mete, als Prinzip des Guten, und einen Templer an sich zieht. Rechts davon entflieht ein Anhänger der gnostischen Lehre, auf einem Löwen reitend, der drohenden Gefahr. Der Kopf über dem südlichen Fenster hält schließlich das Buch der Geheimlehre. Rechts sieht man Mete, die einem Kind die Frucht vom Baum der Gnosis bietet, links könnte sich durch die sechs Gefäße eine Anspielung auf die sechs Schöpfungstage finden. Das rechte Feld symbolisiert Jaldabaoth mit drei Köpfen im Kessel, welche die mosaische, die christliche und die islamitische Religion vorstellen, während sich links davon die Gerichtsszene befindet, die vor der Leiche des Templers den Sieg des heiligen Michael über Jaldabaoth im Bilde wiedergibt.

Diese gelehrte, mit aller Konsequenz durchgeführte Interpretation ist zugleich ein Zeugnis dafür, welche Möglichkeiten die in ihrem Inhalt teils nicht sehr eng umgrenzten Symbole einer tendenziösen Auslegung bieten. Zugleich zeigt es sich, daß man sehr leicht zu unrichtigen Deutungen kommen kann, wenn nur ein Teil des Inhaltes aufgegriffen wird. Die angesehene Stellung des Gelehrten Hammer-Purgstall brachte es aber mit sich, daß seine Auffassung von dem Topographen Schmidl und teils auch von Schweickhardt übernommen wurde, der allerdings in den Malteserrittern die Bauherren sehen möchte.

Es spricht für die Bedeutung von Schöngrabern, daß sich schon 1855 – lange vor ähnlichen Darstellungen über St. Jakob in Regensburg – zwei bedeutende Forscher des Kunstwerkes annahmen und eine umfassende Monographie „Die romanische Kirche in Niederösterreich" veröffentlichten, die bis zum heutigen Tage grundlegend blieb. Josef Feil redigierte die historischen Quellen und legte die historische Situation klar. Gustav Heider, der Autor des Buches, bearbeitete das Bauwerk und die Plastiken. Exakte Beschreibung, durch genaue zeichnerische Aufnahmen aller Details unterstützt und von kulturgeschichtlichen, historischen, theologischen und literarischen Exkursen bereichert, geben ein fundiertes Bild, das bisher nicht sehr wesentlich ergänzt werden konnte.

Heider erkennt die alttestamentarischen Szenen als Opfer Abels und Kains und als Darstellung Samsons, er untersucht die vielfältige Symbolik des Löwen und stellt auch die Beziehung zum Neuen Testament (Hochzeit zu Kana) her. Ihm, der die deutsche Übersetzung des Göttweiger „Physiologus" publizierte, ist auch eine Deutung der Tiersymbole gemäß den Fabeln und Epen zu danken. Selbst kostümkundliche Kriterien zieht er für seine Untersuchung heran. Heider ist es schließlich zu danken, daß er die Baugeschichte exakter Kritik unterzog und durch Vergleiche mit den heimischen Denkmalen dieses Zeitraumes, deren Datierung zum Teil einige Korrekturen erfuhren, zu sicheren Ergebnissen kam. Er erkannte die einheitliche Bauweise von Schiff und Chor, obwohl es merkwürdig scheint, daß er die Kreuzrippengewölbe über dem Chorquadrat nur fünfzehn Jahre nach deren Umgestaltung für original anspricht. Aus Vergleichen, Studien der Säulen, Kapitelle, Basen, Friese und Profile kommt er zu der ersten genauen Datierung zwischen 1210 und 1230, die, bis auf die Einengung 1210 bis 1217, von der Kunstgeschichte beibehalten wurde.

Arbeiten von Endres (1910) und Pamer (1925) wenden sich wieder den ikonographischen Deutungen zu, die Heiders Darstellungen ergänzen. Wichtig sind die Vergleiche mit der romanischen Kunst Bayerns, die Endres einführt. Die erste kunstgeschichtliche Abhandlung schrieb R. K. Donin, der 1913 einen Aufsatz über „Schöngraberns romanische Kirche" publizierte und die stilistischen Beziehungen zu Oberitalien (Lombardei, Venedig), Frankreich (Normandie) und vor allem zu Sankt Jakob in Regensburg heraushob. Auch die Verbindung mit der heimischen Architektur wird aufgezeigt. Die ikonographischen Deutungen faßt Donin abwägend zusammen und sieht ein wesentliches Argument zum Verständnis der Skulpturen in der Beziehung zum umliegenden Friedhof; in dem 1951 bearbeiteten Aufsatz hebt er demgegenüber die Gerichtsgedanken hervor. Auch Fritz Novotny geht auf die ikonographischen Probleme nicht weiter ein. Er sieht die Bilderfolge mit dem ersten Sieg des Bösen über den Menschen beginnen. Die Überwindung des Teufels und der Triumph des Guten ist die Leitidee, welche die Heilstatsachen in geschlossener Anordnung vorführt. Das genannte Vergleichsmaterial wird für die kunstgeschichtlichen Zusammenhänge ausgewertet. Das Problem der kubischen Plastik und die Beziehung zu den Bildwänden des Ostens waren Novotny wichtigste Gesichtspunkte.

Neue Impulse für die Deutung vermittelte das Buch von Richard Wiebel (1940), das auch die Orientierung nach den Himmelsrichtungen sowie die kleinen, dem Ornament verbundenen Figuren zur Interpretation heranzieht. So ist, nach Wiebel, die sonnige Südseite der Sünde, dem Gericht und der Erlösung vorbehalten, die östlichen mittleren Felder stehen in Beziehung zum Tode, die der Nordseite zeigen den Kampf gegen das Reich der Finsternis. Diese Grundideen werden durch die Deutung der Kapitelle und Ornamente noch weiter illustriert; Köpfe vor stilisierten Blättern können Gräber und Auferstehung versinnbildlichen, Palmetten, Ranken und Bandgeflechte die Hoffnung auf den Himmel. Verschlingungen sind ein Hinweis auf die Schlingen des Todes.

Diese bis ins kleinste gehende Auslegung kommt nicht aus dem Wesen des Bildsymbols, sondern scheint vielfach von außen herangetragen, ihm assoziiert. Dies wird schon daraus klar, daß man mit dieser Art der Interpretation auch zu einander widersprechenden Ergebnissen kommen kann. Außerdem ist es unwahrscheinlich, daß die Ornamentik – man denke an die Normandie oder die Lombardei – immer die gleiche, genau fixierbare Bedeutung hatte. Hält man nämlich daran fest, dann stünde sie auch sehr oft völlig zusammenhanglos da. Der Dekor wird bei den in der Romanik so beliebten Übergängen vom Leblosen zum Pflanzlichen und Figuralen stets durch das Ziel interpretiert. Das Verdienst Wiebels ist es, daß er nachdrücklich auf die scheinbar nebensächlichen Dinge aufmerksam gemacht hat und sie der großen Darstellung einbezog. Sicher, darauf wurde bereits hingewiesen, ergeben sich hier Beziehungen und Zusammenhänge.

Um diese Zeit wird Schöngrabern auch außerhalb des deutschen Raumes bekannt. Der Franzose Leopold Réau veröffentlichte 1940 in Paris eine Studie über die Apsis von Schöngrabern. In der Ikonographie sieht er Beziehungen zum Elsaß (Andlau, Eschau), zu Bourges (Saint-Ursin), zu Saintes (Saint Eutrope) und stilistische Bezüge zu Bayeux (Teufelsfratzen). Im Ornament der Säulchen erkennt er lombardische Einflüsse. Alle diese vergleichbaren Elemente wären aber über Regensburg (Schottenkloster) vermittelt worden. Réau macht auch darauf aufmerksam, daß der in Regensburg verehrte und auch dort bestattete heilige Emmeram aus Poitiers stammte und auch darauf, daß die Kirche Notre-Dame-la-Grande in Poitiers eine ähnliche, mit Arkaden geschmückte Fassade wie die Jakobskirche in Regensburg aufweist. Der Auffassung östlicher und orientalischer Einflüsse, die auf Schöngrabern wirkten (Achthamar, Wladimir etc.), tritt Réau entgegen. Er sieht die Wurzeln des Apsidenschmuckes von Schöngrabern ausschließlich im Westen.

Nach 1956 folgte ein Aufsatz des Niederländers Frans Vermeulen ,,Das Raadsel van Schöngrabern", der europäische und östliche Bezüge herstellt und sich in der Deutung von bisherigen Vorstellungen abhebt. Im Löwenkämpfer sieht er den Kuenringer, der den Teufel besiegt, in der Luxuria eine Anspielung auf den zügellosen Frauendienst, wie ihn später Ulrich von Lichtenstein schildert. – Die Krüge im südlichen oberen Feld werden als Sakramente gedeutet. – Der Schwerpunkt verschob sich von der rein theologischen auf eine kulturgeschichtliche Interpretation.

Die Deutung Karl Köstlers folgt dem Konzept Wiebels in wesentlichen Punkten. Einen Schritt weiter geht der Theologe und Mittelalterforscher Franz Dietheuer, der auch in den Tierkämpfen und Fabeln ein streng theologisches Konzept annimmt, das auf dem Alten Testament fußt, Bibelauslegungen des Mittelalters einbezieht und zur Offenbarung des Neuen Testamentes führt. Doch mit diesen Interpretationen hat sich die vorliegende Publikation befaßt. Was nun noch abschließend geschehen soll, beruht auf der ganz einfachen Frage, welche Bedeutung den Skulpturen von Schöngrabern in unserer Zeit zukommt, wobei solchen Überlegungen die Erfahrungen der letzten Jahrzehnte zugrunde liegen.

Bei den zahlreichen Führungen, die von geistlicher und weltlicher Seite in Schöngrabern gehalten wurden, bei Diskussionen, zu denen das Dokumentationszentrum im Pfarrhof immer neue Gelegenheit bietet, zeigte sich nämlich, daß die Besucher sich nicht allein mit Erklärungen und sachlichen Informationen über Inhalt und Konzept der Skulpturen begnügen. Sehr oft kommt es zu einer direkten Auseinandersetzung mit dem Weltbild dieser steinernen Bibel, das in Konfrontation zu unserer eigenen Anschauung viele Fragen aufgibt. Vor allem ist es die Dominanz der dämonischen Kräfte, des Teufels über dem thronenden Gott, die düstere, ernste Grundstimmung, die seit den jubelnden Allegorien des Barock aus dem Bewußtsein vieler Menschen verdrängt wurde und eigenartigerweise auch in unserer Gegenwart viele Menschen befremdet. Es ist aber ein gutes Zeichen, daß sich das Interesse nicht nur dem Vergangenen zuwendet, sondern daß es auch unser heutiges Dasein berührt.

Wäre die Gegenüberstellung von Gut und Böse in Schöngrabern rein im Formelhaften steckengeblieben, wäre es gewiß leichter, davon Distanz zu bewahren. So aber sind die Bilder und die Gesten der Figuren von unmittelbarer, lebendiger Eindringlichkeit. Das zerstörte Antlitz des Dämons gibt uns Heutigen ebenso zu denken wie die ins Rad geflochtenen Menschen und der entwurzelte, blühende Baum. Noch eindringlicher wirkt die Brutalität des Kämpfers, der Brudermord oder die ergreifende Geste der Angst. Da uns gerade diese Zeichen oft mehr als die des mutigen Kämpfers oder des helfenden Beistandes berühren, stehen wir solcher Präsenz des Dämonischen, des Bedrohenden kaum verständnislos gegenüber. Eigentlich sind die an der Apsis dargestellten Gefahren unsere eigenen mitten im Lebenskampf. Wenn wir auch die ,,Letzten Dinge" von uns weggeschoben haben, sind sie doch mehr als eine Erzählung aus fernen Tagen. Hat man diesen inneren Bezug zum eigenen Schicksal gefunden, dann können uns die Skulpturen mehr lehren: die stete Nachbarschaft von Gutem und Bösem, den immerwährenden Kampf des Bestialischen direkt über dem geöffneten Buch der Heiligen Schrift. Sie berichten von der Gebundenheit, aber auch von der Freiheit des Menschen. Die Szenen schärfen so unseren Blick, das Gute vom Bösen zu unterscheiden, Sinnbilder zu deuten. Auch wir stehen mitten im Kampfplatz der Geister. Erst aus der Erkenntnis des Richtigen können wir dem Falschen entgegentreten und auch richtig handeln.

Doch dieses Handeln soll nicht bedeuten, daß wir zu wilden Löwenkämpfern werden, dies hatte auch die kultivierte Lebensauffassung zur Zeit Herzog Leopolds VI. vom Betrachter nicht gefordert. Die Handlung sollte ihre Impulse beim Gottesdienst vom Meßopfer empfangen, von der Lehre vom Tod und der Auferstehung Christi, Ereignisse, mit denen sich die romanischen Bilder nicht direkt befassen. Hier gilt nur die eigene Tat. Da wir aber in diesen Dualismus, in diesen Kampf des Gottes- und des Teufelsstaates auch heute hineingestellt sind, da ein guter Ausgang unseres Lebens ohne zu handeln nicht garantiert ist, müssen wir uns dieser Auseinandersetzung immer wieder stellen, in der Hoffnung, daß die guten Werke schwerer wiegen, mehr Gewicht haben als unser Versagen, wenn wir einst zum Rechten gerichtet werden.

Es mag ungewöhnlich sein, eine Monographie über romanische Skulpturen mit einer solchen Betrachtung zu schließen. Doch können wir historisch distanziert bleiben, wenn das Anliegen lebendig zu uns spricht? Schöngrabern ist eine unserer Kirchen.

Die Photos, die für dieses neue Schöngrabern-Buch von Erwin Reichmann hergestellt wurden, wollen eine selbständige Aufgabe erfüllen, sie sind keine bloß dem Text zugeordneten Illustrationen. Beschreibung und graphische Information gaben dem Leser bereits die nötigen Erklärungen über Einzelheiten und die großen Zusammenhänge. Die Photos sollen daher mit ihren von Erwin Reichmann gewählten Motiven unmittelbar ansprechen, neue Wege gehen und über das Bild hinaus mit dem Betrachter direkten Kontakt herstellen. Die Darstellung beginnt beim Vorstellen des Bauwerkes, hebt Details – das Südportal und das Monatsrelief – heraus, um sofort wieder in einer Gesamtansicht den größeren Zusammenhang zu bieten. Nach diesem Wechsel der Blickpunkte, der das Interesse erwecken möchte, übernimmt die ausdrucksstarke Bildsprache die Führung durch den Innenraum: von der Westempore über das Langhaus zum Chorquadrat und zum Altarraum. Die Großaufnahmen der Skulpturen zeigen die Schönheit architektonischer Details und verweisen vor allem in eindringlichen Bildausschnitten auf das geistige Konzept und seine Aussage. Inneres und Äußeres werden schließlich einander gegenübergestellt, um dann, über das Detail der architektonisch-dekorativen Ordnung, den Bildzyklus selber sprechen zu lassen. Vom Sinnbild führen die photographischen Aufnahmen direkt zum Ereignis, das in seiner Dramatik vom Sündenfall bis zum Gericht über alle Sünden abrollt. Die Ausschnitte greifen dramatische Handlungen heraus, konzentrieren den Blick auf Gesten, auf entscheidende Höhepunkte des Geschehens. So werden der zupackende Teufel, der herbeieilende Brudermörder Kain, der mutige Löwenkämpfer, der Mensch in den Pranken des Bären, die Angst des Menschen vor der Versuchung, Samson, der Sieger, der grausam-listige Wolf, der Teufel mit den Todesschlingen, Christus, Maria, der Erzengel Michael und der Teufel mit dem Sündenregister zu Ausdrucksträgern in dieser dramatischen, spannungsgeladenen Urtragödie. Gegenüberstellungen und stärkste Kontraste geben dieser Abfolge jene Spannung, die in ihr liegt und die im Gesamtbild so leicht übersehen wird. Erwin Reichmann weitet den Blick, greift mit dem Format über Seiten hinaus, teilt die Bilder, hebt charakteristische Details hervor, bezieht das Durchblättern des Bildteiles in sein Konzept mit ein, läßt Motive auf die folgenden Seiten übergreifen und gibt dem Statischen Bewegung. Ein solcher Rhythmus vermag dem Betrachter die ungeheure Spannung dieser Skulpturen zu vermitteln. Die Schönheit und die Gewalt dieses Kunstwerkes sollen ihre Aktualität mitten im Heute erweisen und zur Meditation anregen.

Die Bildfolge

Und es entbrannte im Himmel ein großer Kampf . . .
Und hinausgeworfen wurde der große Drache, die alte Schlange, genannt Teufel und Satan, der die ganze Welt verführt; hinabgestürzt wurde er auf die Erde.

Johannes, Geheime Offenbarung 12, 7–9

S. 82, 83: Die Kirche von Nordosten

Das Monatsrelief beim Südportal

Südportal

S. 86, 87: Die Kirche von Süden

S. 88, 89: Apostelreliefs von der Westfassade,
jetzt im Langhaus

90

S. 90: Blick zum Altarraum

91. Kapitell der Westempore, jetzt im Lapidarium

92. Der hl. Christophorus als Herzog,
Fresko im Langhaus

S. 93: Der Teufel mit dem Sündenregister,
an der Südwand des Langhauses

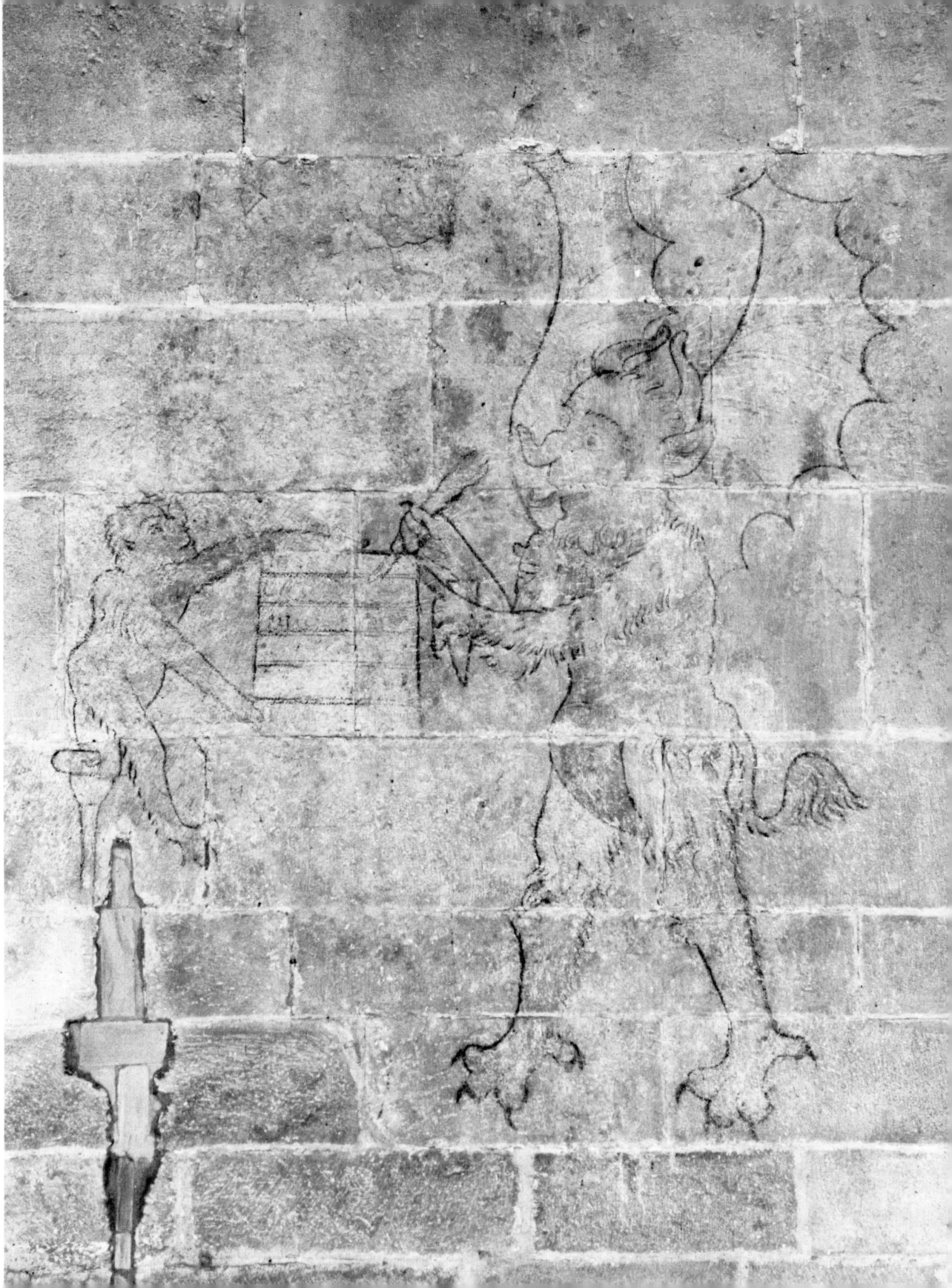

Apsis und Chorquadrat

Ein Kopf in den Zwickeln des Schlußsteines
über dem Chorquadrat

Johannes

Matthäus

Markus

Lukas

100, 101. Monstren und Tiere an den Basen der Chorsäulen

101

Linkes Gewände des Triumphbogens

S. 103: Sakramentsnische

104

104, 105. Der Altarraum.
Die Apsis außen

Die
Apsis von
Süden

Die
Apsis von
Norden

Kopfkonsole,
östliches
Feld

Gerichts-
adler,
östliches
Feld

Weinstock
südliches
Feld

Katze mit
Maus,
südliches
Feld

112, 113.
Nördhes oberes
Feld

114

S. 114: Eva ißt von der Frucht,
ein Drache hat sie erfaßt

115. Der Teufel packt Adam

S.116: Der Sündenfall

Kain erschlägt Abel

118, 119. Abel und Kain opfern Gott.
Der Drache zu Füßen des Thrones

Der segnende und herrschende Gott

ain opfert

122, 123.
Der Kampf
gegen den
Löwen

124, 125. Der Jäger befreit einen Menschen aus der Gewalt des Bären

126, 127. Menschen hängen am Guten

Die Versuchung

Die Verweigerung

130. Samson besiegt den Löwen

S. 131: Ein Sinnbild der Kraft

131

132. Der Wolf und der Kranich

S. 133: Der Gaukler

133

134, 135. Die Nonne in den Schlingen des Teufels

136

Die Offenbarung Christi.
Die Taube des Heiligen Geistes
über den Krügen von Kana

S. 136: Der Mönch in den Schlingen des Teufels

S. 138: Ankunft und
Wiederkunft Christi

139. Maria am Löwenthron

140

S. 140: St. Michael hält die Waage des Gerichtes

141. Der Teufel mit dem Sündenregister

Der Teufel
auf der
Schleppe

Der Teufel
mit dem
Feuerkessel

144, 145.
Rettung
und Geric

146, 147.
Tod
und Geric

Geliebte, traut nicht jedem Geiste, sondern prüft die Geister, ob sie aus Gott sind; denn viele falsche Propheten sind ausgezogen in die Welt.

Daraus erkennt ihr den Geist Gottes: Jeder Geist der bekennt, daß Jesus Christus im Fleische gekommen ist, der ist aus Gott.

Jeder Geist aber, der Jesus nicht bekennt, ist nicht aus Gott. Und das ist der Geist des Antichrist, von dem ihr gehört habt, daß er kommt; und nun ist er schon in der Welt.

Erster Johannesbrief 4, 1–3

Quellen, Literatur, Vergleiche und Interpretationen

Dieser zweite Teil des Buches geht auf die Literatur, die Dokumente und die sich ergebenden Probleme näher ein. Vergleichsbeispiele sollen die Stellung Schöngraberns im Rahmen der Romanik dartun, die Besonderheit, aber nicht die Zuordnung darstellen. Die Gliederung wird durch die Kapitel des Buches und die dort angeschnittenen wichtigsten Fragen bestimmt.

Der Weg zum Kunstwerk

Die kunsthistorische Bedeutung der Schöngraberner Skulpturen wurde, nach den verdienstvollen ikonographischen Untersuchungen, zum ersten Mal in der Arbeit *Nowotny* Fritz, Romanische Bauplastik in Österreich, Wien 1930, S. 8–39, dargestellt. *Baldass* Peter –, Romanische Kunst in Österreich, Wien 1962, S. 78 –, hebt dagegen ein Überwiegen der kulturhistorischen Bedeutung hervor. Die Trennung von kulturhistorischer und kunsthistorischer Betrachtungsweise wirft die Frage auf, inwieweit dies bei einem solchen Werk sakralen Inhalts berechtigt ist. Meiner Meinung nach ist ein bedeutendes Kunstwerk erst aus kulturhistorischen Bezügen ganz zu verstehen. Natürlich kann die künstlerische Umsetzung in ihren formal-ästhetischen Werten – je vollendeter sie ist – durchaus für sich allein bestehen. Ein tieferes Verstehenwollen wird aber stets die Frage nach dem Ursprung stellen. In Schöngrabern sind beide Komponenten, die inhaltliche wie die formale, so eng miteinander verbunden, daß sie voneinander nicht zu trennen sind.

Die Frage nach dem Stifter der Kirche

Die historischen Quellen, die uns eine Antwort auf die Frage nach dem Stifter zu geben vermögen, finden wir von Josef *Feil* in der historischen Einleitung zu dem Buch von *Heider* Gustav, Die romanische Kirche von Schöngrabern, Wien 1855, zusammengestellt und interpretiert.

Zur **„villicatio grawarn posita“**, vom Kaplan Leopolds III. namens Aspinus übergeben, die im Saalbuch des Stiftes Klosterneuburg (1117–1120) angeführt ist, siehe oben: *Feil* J., S. 17ff.; dort auch weitere Zitate und Belege.

Die **Besitzungen** des **Wiener Schottenstiftes** (Pulkau) und des **Stiftes Melk** (Wullersdorf) lassen wohl auf die Bedeutung dieses Raumes schließen, haben jedoch keinen nachweisbaren Einfluß auf die Kirche von Schöngrabern.

Zu den **Besitzungen der Kuenringer** siehe Feil, S. 22ff., und zu **Hadmar II.** von Chunring als vermutlichen Erbauer der Kirche von Schöngrabern: *Feil, S.* 29. Siehe auch: Handbuch der historischen Stätten Österreichs, Bd. 1, Stuttgart 1970, S. 534.

Die jüngsten **Forschungen über die Kuenringer** als Stifter von Schöngrabern werden derzeit von einem Team von Wissenschaftlern angestellt, das mit der Vorbereitung der Kuenringer-Ausstellung 1981 befaßt ist. Univ.-Doz. Dr. Karl *Brunner*, der den historischen Teil bearbeitet, stand dem Autor in freundlicher Weise beratend zur Seite, wofür ihm hier herzlich gedankt sei.

Die **Lage der Kirche von Schöngrabern.** Bedenkt man, daß die alte Straße von Wien nach Mähren bis zur Barockzeit östlich der Kirche, nahe des Ortsausganges, vorbeiführte, dann ergeben sich daraus zwei bedenkenswerte Feststellungen: Erstens wurde der Stiftungsbau dem älteren Ort hinzugefügt und nicht in ihn hineingebaut, zweitens war die Bildsprache der Apsis einst dem Straßenkreuz zugewendet und konnte auf die Vorüberziehenden ihre Wirkung haben. Heute ist die Apsis von der Straße abgewandt.

Die **Gesteinsuntersuchung** von Alois *Kieslinger,* Brandschäden an Natursteinen, Österreichische Zeitschrift für Denkmalpflege, 2. Jg. 1948, S. 49ff., Abb. 59 (die Materialprobe wurde dem rechten Gewände des Südportals entnommen), ergab, daß die Quadern aus feinkörnigem Waldviertler Quarzsandstein gearbeitet sind. Zur Lokalisierung eines in der Nähe liegenden Steinbruchs ist eine Notiz im heute nicht mehr erhaltenen Gedenkbuch der Gemeinde Schöngrabern zu beachten. Sie ist durch einen beigelegten Auszug im Gedenkbuch der Pfarre Schöngrabern und durch *Köstler* Karl, Die romanische Kirche von Schöngrabern, Wien 1957, S. 8, überliefert. Sie besagt, daß der Maurermeister Hans Hofer am 1. März 1659 im Steinbruch von St. Peter zwischen Windpassing und Obersteinabrunn beim Steinbrechen verunglückt ist. Steine aus diesem Bruch wurden nach Köstler im Jahre 1937 zum Ausbessern von Schäden im Inneren der Kirche von Schöngrabern verwendet. Nach dem Urteil des Steinmetzen soll es sich um den gleichen Stein, der auch beim Bau der Kirche Verwendung fand, handeln.

Zum **theologischen, lateinischen Schrifttum** der Zeit informiert die Zusammenfassung von *Dienst* Heide, Lateinisches Schrifttum im babenbergischen Österreich, in: Katalog 1000 Jahre Babenberger, Stift Lilienfeld 1976, S. 125–133, und Katalogtexte, S. 549ff. Zu den Scholastikern und Bernhard von Clairvaux S. 129. – Zu Otto von Freising und Gerchoch von Reichersberg S. 130f. – Es sei hier auch auf die Dichtungen verwiesen, die von den geistlichen Schriften inspiriert sind und sie teils auch verwenden. Anfang der Welt, Sündenfall und Erlösung – man denke an das „Anegenge" (Der Anfang, um 1170) oder an den „Antichrist" der Einsiedlerin Ava (gest. 1127) – bringen Themen, die auch im Skulpturenprogramm zu erkennen sind.

Zur **Dichtung der späten Romanik** im Donauland, insbesondere am Hof der Herzöge Leopold V., Friedrich I. und Leopold VI., gibt *Nadler* Josef, Literaturgeschichte Österreichs, Linz 1948, S. 55ff., einen Überblick und eine Charakteristik, auf die im Text Bezug genommen wurde. Im Zusammenhang mit den Skulpturen von Schöngrabern sind mehrere Aspekte von Bedeutung: der sinnbildhafte Kampf gegen Tiere, das Gleichsetzen mancher Tiere mit dämonischen Kräften, „Teufelinne" oder „schlimme Wölfin" (so über Gerlinde im Gudrunlied), ferner die öfter aufscheinenden Gaukler (Joculatores), die Klagen über den Sittenverfall (Ulrich von Lichtenstein, Tannhäuser) und die religiöse Begeisterung für die Kreuzzugsidee. Einfachheit der Form und Bildlichkeit zeigen weitere Ähnlichkeiten. – Solche Bezüge zur Realität, die wir auch an den Skulpturen von Schöngrabern finden, waren auch Gegenstand der Vorträge zur germanischen Altertumskunde und Philologie im Rahmen der Lilienfelder Tagung. Sie wurden unter dem Titel „Österreichische Literatur zur Babenbergerzeit", Wien 1977, herausgegeben. Verwiesen sei hier auf den Beitrag von *Thum* Bernd, Literatur als politisches Handeln, S. 256–277. Von Interesse ist – als Parallele zu Schöngrabern – die aus der Vergangenheit schöpfende Literatur, die in Beispielen angeführt wird. Der Autor sagt auf S. 269 wörtlich: „Diese Literatur fixierte eine Ordnung, entwarf sie reproduzierend in Gegenwart und Zukunft hinein und erhob damit zugleich einen politisch-sozialen Anspruch." Die Warnung des Autors, nicht „Politik, soziales Handeln und Literatur im Mittelalter auf verschiedene Sphären zu verteilen" (S. 272), gilt meiner Meinung gleichermaßen für die bildende Kunst. Auch schließe ich mich der zitierten Forderung von Herwig *Wolfram* an, Realität und bloß Geglaubtes als Einheit zu betrachten. Ein weiteres wichtiges Beispiel bringt der Vortrag von *Birkhan* Helmut, Zur Entstehung und Absicht des Nibelungenliedes, S. 1–24, der dem Realitätsbezug und der Wirkung auf das Auditorium nachgeht, ferner den vorbildhaften, staatsstabilisierenden Charakter hervorhebt, wobei wieder den konservativen Elementen eine große Bedeutung zukommt. Aus Form und Inhalt der Schöngraberner Skulpturen ergeben sich ganz ähnliche Erkenntnisse über Traditionelles und Zukunftweisendes.

Politische Situation am Hof Leopolds VI. Leopolds Mutter war Helene, die Tochter des ungarischen Königs Geisa II., seine Frau Theodora, eine Enkelin des byzantinischen Kaisers Isaak Angelos. Er kämpfte gegen die südfranzösischen Albigenser, gegen die spanischen Moslems, war im Heiligen Land und in Ägypten. Vor seinem Tod vermittelte er in San Germano in Süditalien den Ausgleich zwischen Kaiser und Papst. Neben dieser europäisch-politischen Mission des Landesfürsten sind seine Frömmigkeit, der Kampf gegen den Unglauben (Katharer und Waldenser und Moslems) sowie seine Klostergründungen hervorzuheben, aber auch seine Aufgeschlossenheit für Dichtung und Musik. Bezeichnend ist es, daß sich in der bildenden Kunst Staufisch-Traditionelles neben Gotischem findet, reiche Bildsprache neben der asketischen Bilderlosigkeit der Reformklöster und Bettelorden. Die Berufung auf vorbildhafte Tradition steht neben neuem Gedankengut, Weltliches neben mystischer Versenkung. Diesen geistigen Hintergrund haben wir bei der Beurteilung von Schöngrabern zu bedenken. – Zu Leopold VI.: *Zöllner* Erich, Die Dynastie der Babenberger, in: Katalog „1000 Jahre Babenberger", Lilienfeld 1976, S. 9ff., besonders S. 18ff., und *Lechner* Karl, Die Babenberger, Wien–Köln–Graz 1976, S. 192ff. – Kultur und Geistesleben: S. 252ff. Schöngrabern: S. 269.

Die **Kirche von Schöngrabern** läßt sich in ihrer Form und in ihren Maßen aus den Grund- und Aufrissen (siehe S. 162 bis 164) sowie aus den Details erkennen. Eine Tafel (S. 155) zeigt Form, Anzahl und Verteilung der Steinmetzzeichen. Daraus ergibt sich, daß gegen 20 Steinmetze am Bau arbeiteten. An der Apsis waren, wie man an den Zeichen sieht, andere Steinmetze tätig, doch zeigen gleiche Zeichen, die auch am Schiff und Chorquadrat aufscheinen, daß diese zur selben Arbeitsgruppe gehörten; eine Bauunterbrechung ist also, trotz der Nahtstelle an der südwestlichen Ecke des Chorquadrates, nicht anzunehmen. Ob diese Arbeitsgruppe auch anderswo arbeitete, könnte eine intensivere Beschäftigung mit Steinmetzzeichen ergeben.

Die angenommene Bauzeit von etwa zehn Jahren wurde von dem Hauptpolier der Wiener Dombauhütte Franz Oelzant auf Grund von Erfahrungswerten angegeben.

Zur **Datierung der Kirche.** Durch den Tod des vermeintlichen Stifters Hadmar II. von Kuenring haben wir mit dem Datum 1217 eine Begrenzung nach unten. Der einfache Rundbogenfries am Schiff, der zu reicheren Formen an der Apsis übergeht, weist ebenso wie die bereits frühgotischen achteckigen, teils gekehlten Deckplatten über den Konsolen der oberen Figurenfelder der Apsis auf das beginnende zweite Jahrzehnt des 13. Jahrhunderts. Daraus resultiert der Datierungsvorschlag um 1210 bis 1217. Im Vergleich mit den späteren Skulpturen am Riesentor des Wiener Stephansdomes ist die Feststellung von Wichtigkeit, daß die Verwandtschaften auf eine Nachfolge und nicht erst auf die aus Ungarn (Mongolensturm 1241) zurückgekehrten Steinmetze schließen läßt. Im Donauraum gibt es eine eigene fortwirkende Tradition.

Das Schicksal der Kirche

Zur **Mutterpfarre von Schöngrabern,** St. Agatha, Hausleiten, Bistum Passau, siehe: *Wolf* Hans, Erläuterungen zum Historischen Atlas der österr. Alpenländer, II. Abt. Die Kirchen und Grafschaftskarte, 6. Teil: Niederösterreich, Wien 1955, S. 314–316. Die Daten für Schöngrabern (um 1220) folgen der Zusammenstellung von *Feil* J., in: *Heider* Gustav, Die romanische Kirche von Schöngrabern, Wien 1855.

Fig. 1: **Steinmetzzeichen am südlichen Querschiff von Saint Paul-Trois-Chateaux,** 11./12. Jh. (aus: Borg Alan, Architectural sculpture in romanesque Provence, Oxford 1972, Abb. 28)

STEINMETZZEICHEN an der Kirche von Schöngrabern

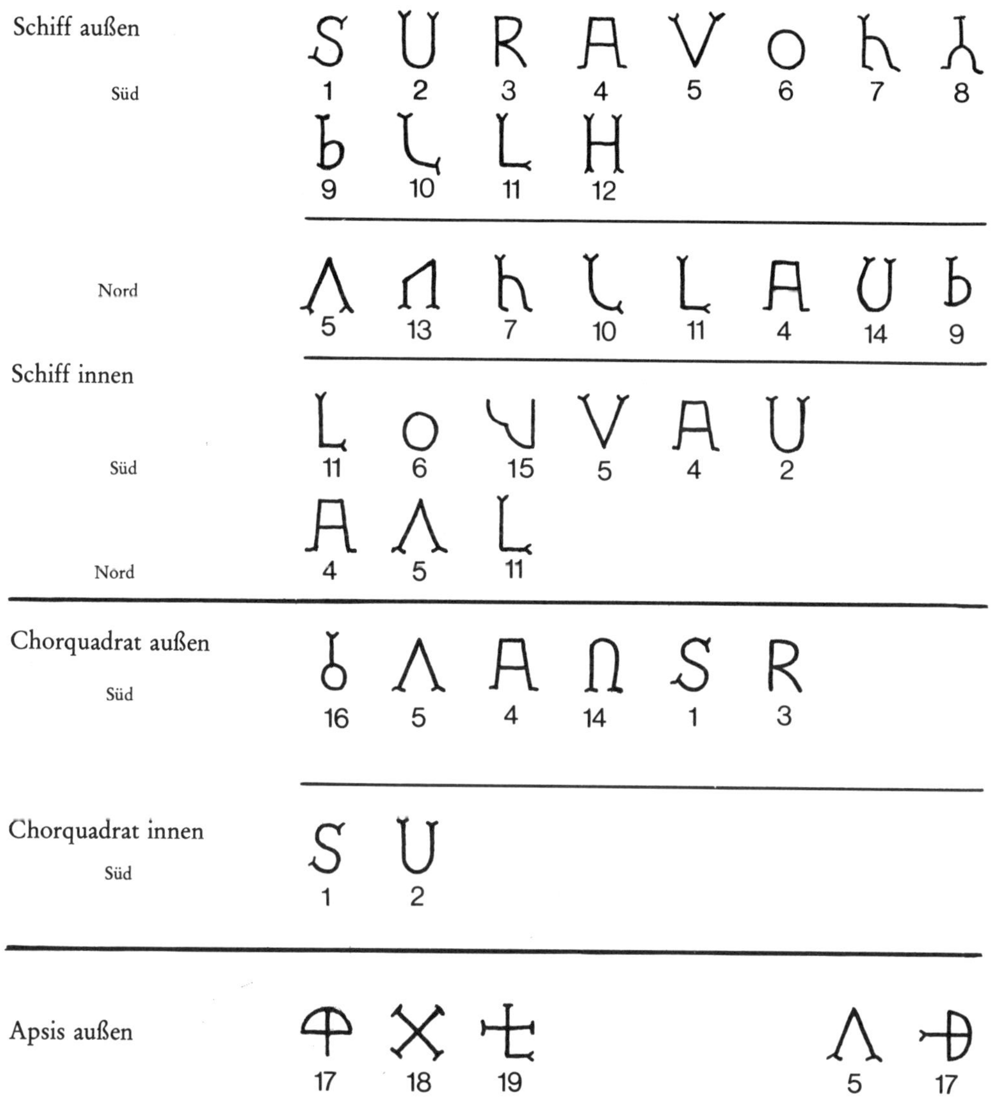

Fig. 2

Innerhalb der einzelnen Abschnitte der Fassaden und Wände sind hier nur die verschiedenen Typen der Steinmetzzeichen, nicht deren Wiederholung aufgenommen worden. Die darunter gesetzten Zahlen beziehen sich auf die Zeichen der einzelnen Werkleute. Diese Gruppierung läßt die Bauentwicklung erkennen. An den Nordfassaden, so wie im Inneren der Kirche sind die Zeichen meist durch Überarbeitung verlorengegangen.

Über die Kuenringer: S. 22ff. Über die Herren von Wallsee: S. 31ff. Über Eberhard den Jüngeren: S. 34ff. Über eine landesfürstliche Belehnung unter Herzog Albrecht V. an Ulrich von Stubenberg siehe die Urkunde von 1434, 5. November, S. 60, IV. Über die weiteren Besitzverhältnisse: S. 44–58.

Bernhardin von Siena, für den 1457 ein Altar in der Kirche von Schöngrabern genannt ist (*Feil* J., wie oben, S. 60f., Urkunde VI, 1457, 20. Jänner), war Reformator des Franziskanerordens, Missionsprediger und Gründer einer Geldleihanstalt „Monte di Pietà", die den Wucherzinsen entgegentrat. Er starb 1444 in Aquila und wurde 1455 heiliggesprochen. Auch in der Wiener Stephanskirche befindet sich im rechten Seitenschiff eine Pfeilerstatue aus der zweiten Hälfte des 15. Jahrhunderts. Der Heilige ist auch am Pettauer Altar (1461–1466) dargestellt.

Die **gotischen Fresken,** von Herbert Seiberl und Franz Walliser freigelegt, sind im Beitrag von *Novotny* Fritz, Neue Entdekkungen in der Kirche von Schöngrabern, Nachrichten der Zentralstelle für Denkmalschutz Nr. 3, in: Kirchenkunst Nr. 9, Heft 4, Baden 1937, S. 96, beschrieben und auf S. 48 und 95 abgebildet. Über die Wandmalerei heißt es: „Sie zeigt in einem langgestreckten, von einem unverzierten Rahmen umfaßten Rechteck zwei Figurengruppen: auf der rechten Seite eine Schutzmantelmadonna, zu deren Füßen links die kleine Figur eines Stifters kniet, und die Heiligen Barbara und Katharina, und auf der linken Seite einen heiligen Bischof und einen heiligen König (wahrscheinlich St. Oswald)." Da die Fresken an Deutlichkeit verloren haben, ist heute eine weitere Bestimmung nicht mehr möglich. Novotny datiert die Fresken auf Grund von Vergleichen um 1330, sagt, daß die Schutzmantelmuttergottes eine der frühesten Darstellungen dieser Art ist und verweist noch kurz auf den hl. Christophorus und die Gestalten zweier Teufel im Schiff, die er in dieselbe Zeit datiert. Im Pfarrgedenkbuch II, S. 135 (1936), sind die Fresken beschrieben. Hier wird auch erwähnt, daß die Figur des hl. Königs wegen eines Vogels auf der rechten Hand als hl. Oswald identifiziert wurde.

Das **Fresko des hl. Christophorus** wird bereits von *Köstler* Karl, Die romanische Kirche von Schöngrabern, Wien 1957, S. 14, mit einer Darstellung des hl. Leopold, des künftigen Landespatrons, in Verbindung gebracht. Dem schloß ich mich in der ersten Auflage dieses Buches (S. 25) an, meine jedoch, daß als Promotor einer solchen Idee nicht Albrecht II., sondern Rudolf IV. der Stifter, in Frage kommt, der als erster die Heiligsprechung Leopolds III. betrieb. Dadurch könne man die Entstehung des Freskos erst um 1360 annehmen.

„Der **Teufel mit dem Sündenregister** in Schöngrabern" ist der Titel eines Aufsatzes, den *Lanc* Elga in der Österr. Zeitschrift für Kunst- und Denkmalpflege, Jg. 31/1977, S. 126–137, veröffentlichte. Sie beruft sich in der Datierung auf Novotny und tritt der Einordnung von Köstler (Reformationszeit), Dehio-Handbuch Niederösterreich 1953 (16. Jahrhundert), die auch in der ersten Auflage meines Buches übernommen wurde, mit stilistischen und ikonographischen Argumenten entgegen und verweist auf ähnliche Darstellungen im 13. und 14. Jahrhundert. Diese Versetzung ins Mittelalter ist richtig, doch ist die Malweise keineswegs jener der Chorfresken oder der des Christophorus gleichzusetzen, auch ist meines Erachtens die

Zeichnung nicht dem 14. Jahrhundert, sondern dem 15. Jahrhundert zuzuordnen. Die gedrungene Körperlichkeit der Figur und realistische Details: Hände, Gesichtspartie, Fußkrallen, Haare etc., sprechen für eine wesentlich spätere Datierung als das Fresko. Sie zeigen Stilmerkmale des 15. Jahrhunderts. Das Thema selbst ist bis in die späte Gotik zu verfolgen.

Der **ehemalige barocke Hochaltar** ist in der ersten Auflage dieses Buches auf S. 31 und 33 abgebildet. Der Aufbau soll der Überlieferung nach von dem Tischlermeister Matthias *Baumann* aus Znaim um 230 fl. angeschafft worden sein. Die Kartusche trägt die Inschrift „Nativitas / tua o virgo / genitrixque Jesu / gaudium fuit uni / verso orbi ac an / gelis". Auf der Rückseite ist mit Bleistift die Jahreszahl 1715 geschrieben. Den Giebelaufsatz bekrönt eine Gruppe der hl. Dreifaltigkeit. Nach Aufhebung der Bründlkirche im Jahre 1784 hat man das barocke Altarbild aus dem Rahmen genommen und die Gnadenstatue der Bründlkirche in den Altaraufbau eingesetzt (Pfarrgedenkbuch II, S. 153, 158). 1872 wurde der Hochaltar, der einem neuromanischen Altar weichen sollte, aber wegen des Gnadenbildes verbleiben konnte, ähnlich wie das Presbyterium übermalt. 1977 wurde er, anläßlich der letzten Umgestaltungen, an die Pfarre Oberndorf in Tirol abgegeben. Die Gnadenstatue befindet sich heute am Altar der Seitenkapelle (Beichtkapelle).
Die Umgestaltung des Presbyteriums plante Dombaumeister Kurt Stögerer. Das Kreuz ist ein Abguß des romanischen Kreuzes der Melkerhof-Kapelle, heute Stift Melk. Den Lesepultbehang schuf Ursula Madl.

Die beiden **Seitenaltäre** waren jünger als der Hochaltar, etwa aus der Mitte des 18. Jahrhunderts. Der linke zeigte eine plastische Gruppe einer Kreuzigung, der rechte die Heiligen Leonhard, Sebastian und Rochus. Anläßlich der Restaurierungen im Jahre 1937 wurde der rückwärtige Aufbau der Altäre entfernt, um die romanische Architektur dahinter weniger zu verdecken. Der Kreuzaltar befindet sich heute in der Seitenkapelle (Beichtkapelle), der Sebastiansaltar ist deponiert.

Die **barocke Kanzel** wurde (ebenso wie der Hochaltar, die Seitenaltäre und der Taufstein) 1827 neu gefaßt (Pfarrgedenkbuch I, S. 1). Sie ist um 1855 als schwarz marmoriert und vergoldet angegeben (Pfarrgedenkbuch II, S. 153). 1937 wurde der Schalldeckel abgenommen, weil er das Christophorusfresko durchschnitten hätte. 1977 wurde die Kanzel entfernt und deponiert. Abb. 31 in der ersten Auflage des Schöngrabern-Buches zeigt den ehemaligen Zustand um 1962. – Der damals ausgesprochene Wunsch nach Entfernung der barocken Einrichtung (S. 26) konnte bei der letzten Restaurierung erfüllt werden.

Die **Orgel** wurde 1819 neu angeschafft (Pfarrgedenkbuch I, S. 1), 1857 restauriert (Pfarrgedenkbuch II, S. 166) und 1916 ergänzt. Im Arbeitsbehelf: *Heiling* Hans, Kurzinventar der Orgeln in Niederösterreich, 16. bis 19. Jh., Bundesdenkmalamt, Wien 1973, S. 119, als zweimanualige Orgel mit 13 Registern von Johann Georg Fischer, Klosterneuburg 1816, beschrieben.

Der **Taufstein** ist der älteste erhaltene Einrichtungsgegenstand in der Kirche. Er trägt das Datum 1611.

Über die **Aufhebung der Maria-Bründl-Kirche** (Dekret 1784) und deren Geschichte berichtet das Pfarrgedenkbuch II, S. 155ff., basierend auf einer Schrift über den Ursprung des Wallfahrts- und Gnadenortes. Auf S. 157 heißt es wörtlich: „Die Materialien von der zerstörten Kirche wurden teils zur Erbauung des Kirchenturmes an der Pfarrkirche, teils der Schule verwendet und teils verschleudert.“ Das Gedenkbuch berichtet ferner (S. 153), daß die Gnadenstatue unter großer Feierlichkeit von einer Prozession in die Pfarrkirche übertragen wurde.

Die josephinische **Erweiterung und der Umbau** ist zwischen 1785 (Abtragung der Bründlkirche) und 1791 (Datum am nördlichen Rundfenster (Pfarrgedenkbuch II, 136f.) zu datieren. Damals wurden die Rundfenster zugemauert, die Lisenen im Schiff ummantelt und der Turm mit dem Orgelchor erbaut. Der ehemalige Turmhelm, eine einfache Pyramide, wurde 1866 vom Blitz zerstört und in der heutigen reicheren Form neu aufgebaut (Pfarrgedenkbuch II, S. 173).

Die **Gewölbeerneuerung** ist durch kein zeitgenössisches Dokument überliefert, da viele ältere Schriften, wie im Pfarrgedenkbuch 1829, S. 1, festgestellt wird, während der feindlichen Invasion in den Jahren 1805 und 1809 verlorengegangen sind. Eine Nachricht darüber findet sich im zweiten Pfarrgedenkbuch, das ab 1855 angelegt wurde. Es heißt hier auf Seite 153: „Die zwei Hauptmauern des Schiffes durch den zu großen Druck des ehemals steinernen Gewölbes auseinandergewichen, mußten durch zwei Schließen verbunden werden, nachdem das steinerne Gewölbe durch ein hölzernes nach dem Jahre 1809 ersetzt wurde. Im Jahre 1841 wurde auch die Abtragung des aus großen gehauenen Steinen bestehenden schönen Spitzbogengewölbes im Presbyterium als notwendig erkannt, und dieses ebenfalls mit einem hölzernen, jedoch in den Formen dem früheren gleich, ersetzt. Die herabgelassenen Steine wurden zum Fundamente der angebauten Kapelle verwendet.“ Die Überprüfung des Dachbodens, der Mauerkronen und der Dachstuhlkonstruktion legt die Ansicht nahe, daß die Gewölbeerneuerung und die Sanierungsarbeiten – schon aus konstruktiven Überlegungen – in einem Zuge mit dem Turmbau erfolgten.

Der Dachstuhl zeigt eine einheitliche, von der Apsis bis zum Westturm reichende Konstruktion. Unter dem Dachstuhl ist ein Zwischenboden eingezogen, an dem die Holzgewölbe aufgehängt sind. Auf ähnliche Weise scheint damals schon das Gewölbe über dem Chorquadrat gesichert worden zu sein, da die Abbildung in Satoris „Tibur“ 1819 die Aufmauerung über dem Chorquadrat und den einheitlichen Dachstuhl zeigen, siehe dazu die Abbildung auf S. 72. Im Pfarrgedenkbuch II, S. 138, finden sich 1937 folgende Eintragungen: „Eine eingehende Untersuchung auf dem Dachboden der Kirche, wobei ein Stück der nach rückwärts abschließenden Ziegelmauer abgetragen wurde, hatte folgendes Ergebnis: Die Kirche war ursprünglich auch über dem Schiffe in zwei Jochen mit einem steinernen Kreuzgewölbe versehen. Die in der Südmauer befindlichen Ansätze zu den halbkreisförmigen Gewölbegurten waren deutlich zu sehen.“ . . . „Bei der Untersuchung hatte sich auch gezeigt, daß die Kirche mit einem Dippelboden versehen ist, von dem ein Balken noch deutliche Spuren des Brandes vom Jahre 1809 zeigt. Dieser Dippelboden ist an dem Dachstuhl befestigt. Unter diesem Boden zeigte sich das auch vom Inneren der Kirche sichtbare Holzgewölbe, das wieder mit Eisenstangen an dem oberen Boden hängt. Aus alten Rechnungen im Archiv geht hervor, daß schon im Jahre 1809, als der Dachstuhl abbrannte, die Kirche über dem Schiff dieselbe Eindeckung aus Holz hatte wie jetzt, daß die Kirche nicht licht ausbrannte, daß aber das Holzgewölbe durch die Hitze und durch den vielen Regen in den Monaten nach dem Brande, als das Dach fehlte, solchen Schaden nahm, daß es erneuert werden mußte."

Die **Abtragung der Chorquadratwölbung** ist im Pfarrgedenkbuch für das Jahr 1840, 1. Bd., S. 3, genannt: „In diesem Jahr drohte die Kuppel des Sanktuariums mit Einsturz. Massive Quadersteine mußten mit vieler Gefahr herabgenommen werden, das Gewölbe wurde verschallet, die ganze Kirche ausgebessert und viels verschönert." Das Abbruchmaterial wurde teils auch für den Bau der neuen Sakristeikapelle verwendet. Die Bauarbeiten, um die sich der Kooperator, der spätere Pfarrer Paul Watzel, besonders annahm, kosteten 1488 fl. und 48 Kr., sie dauerten von Ende April bis Ende August 1840. Pfarrer Watzel berichtet über diese Arbeiten nochmals anläßlich der Restaurierungen im Jahre 1872, Pfarrgedenkbuch II, S. 180. Als man im Zuge der Arbeiten im Jahre 1840 auch das Presbyterium aufgraben mußte, fand man ein Grab mit Skelett, das zuerst als Tempelherr gedeutet wurde. Die alten Leute berichteten aber, daß hier ein Dechant begraben wäre. Siehe die Grabungsberichte im Zuge der letzten Restaurierung 1976/77 (S. 165). Die Gewölbeabtragung und der Kapellenanbau fanden insoferne eine Bestätigung, als man in der 1963 abgetragenen Kapellenmauer den Schlußstein und die Rippen des Chorgewölbes fand. Es wurde also das Abbruchmaterial tatsächlich wiederverwendet. Erstaunlich ist, daß der Schlußstein in der Literatur vor 1840 nicht erwähnt wird, vielleicht war er durch dicken Putz verdeckt. – Der Triumphbogen wurde im Zuge der Gewölbekonstruktion gleichfalls erneuert.

Die **Annahme eines Ostturmes** stützt sich auf die Erscheinung anderer romanischer Kirchen. Man meinte, Schöngrabern müsse diesem Bautypus folgen. Gerade die Ausnahme aber ist ein Argument für den Stiftungsbau, der sich eben nicht nach den Pfarrkirchen orientierte. Im Pfarrgedenkbuch II, S. 180, taucht im Jahre 1872 die Vermutung über einen Ostturm zum erstenmal auf. Bezeichnenderweise kommt sie im Zuge der neoromanischen Ausmalung von einem Mitglied der k. k. Zentralkommission, Professor Hanns *Petschnig*, der einen solchen Turm über dem Presbyterium für eine romanische Kirche als „zugehörig" erachtete. Nun erst erinnert sich der Pfarrer Paul Watzel, daß ihm ein alter Mann im Jahre 1840 erzählte, „daß der Kirchturm zu seiner Jugendzeit sich über dem Presbyterium befunden habe und er als Knabe öfters vor dem Hochaltar mit den Glockenseilen läutete". Rechnet man von 1840 zurück, kommt man tatsächlich in die Zeit Josephs II., also vor den Bau des neuen Westturmes. Diese Aussage hat aber keinerlei konkrete Beweiskraft, wie dies spätere Forscher angenommen haben (zuletzt noch bei F. *Novotny*, in: Romanische Kunst in Österreich, Katalog, Krems 1964, S. 159, erwogen). Die Nachricht verweist höchstens auf ein Glockentürmchen, das die einfache Form eines Dachreiters gehabt haben kann. Warum sollte denn die Pfarrkirche keine Glocken besessen haben? Man muß deswegen keinen romanischen Turmbau annehmen, wie ihn das Modell im Pfarrhof (*Köstler* K., Die romanische Kirche von Schöngrabern, Wien 1957, Abb. 2) zeigt.

Die **Frage des Westturmes** widerlegt sich ebenfalls durch den Baubefund, vor allem durch die genannten Suchschlitze. Schon im Jahre 1937 berichtet das Pfarrgedenkbuch II, S. 137: „In die Ziegelmauer der

Fig. 4: **Friese und Schnitt durch ein Fenster der Apsis** aus: Heider, Gustav, Die romanische Kirche zu Schöngrabern, Wien 1855, Tafel II. Gezeichnet von J. Hieser, gestochen von G. Reiffenstein
oben links: Fries und Schnitt vom Hauptgesims an Schiff und Chorquadrat
Mitte links: Fries und Schnitt vom Sockelgeschoß an Schiff und Chorquadrat
unten links: Fries und Schnitt vom Hauptgesims der Apsis, nördliches Feld
rechts: Schnitt durch das Mittelfenster der Apsis

rückwärtigen Kammer, wo die Bahren aufbewahrt werden, wurde ein Loch gestemmt, wo noch die alte Westmauer erkennbar ist.“ *Schwarz* Mario, der im Katalog 1000 Jahre Babenberger, Stift Lilienfeld 1976, S. 515f., Nr. 936, für Schöngrabern einen Westturm annimmt, dürften diese Tatsachen entgangen sein. Siehe auch die Anmerkung: Skulpturenschmuck des Westwerkes, S. 169.

Zum **Typus der turmlosen Kirche** siehe die Kirchenbaukarte von *Klaar* Adalbert, Romanische Kunst in Österreich, Katalog, Krems 1964, S. 272ff. und 247 (Altweitra). – *Schwarz* Mario, Romanische Architektur in Niederösterreich, St. Pölten, Pressehaus, Wiss. Schriften 17/18, S. 11. – Ferner: *Schwarz* M., im Babenberger-Katalog, Stift Lilienfeld 1976, S. 512ff., und *Kubes* Karl, ebendort, S. 417ff.; besonders S. 483f. mit dem Hinweis auf die Unterdrückung des Turmes bei Stiftungsbauten der Kuenringer (Propsteikirche in Zwettl und ehemalige Burgkirche Kühnring).

Die **Restaurierung des Jahres 1872** ist im Pfarrgedenkbuch II, S. 179, ausführlich beschrieben. Hier ist auch der Dekorationsmaler Nikolaus *Arnold* genannt (S. 180) und die Beratung durch den Stellvertreter des Dombaumeisters Friedrich Schmidt, Herrn Hanns *Petschnig*.

Über die **Restaurierung 1907** wurde vom Pfarrer *Eber* Laurenz in „Österreichs Illustrierter Zeitung“, 20. Jg. (1910), S. 152, berichtet; ausführlicher in dem Artikel von J. A. Endres, Die Skulpturen an der Kirche von Schöngrabern, Die christliche Kunst, München, 7. Jg. 1910/1911, S. 307–319. Dort auch eine ikonographische Deutung, Monatsrelief und Apostelfiguren: S. 317f.; Abb. S. 316, 318.

Die **Restaurierungen 1937** behandelt *Novotny* Fritz, Neue Entdeckungen in der Kirche von Schöngrabern, Kirchenkunst Nr. 9, Heft 4, Baden 1937, S. 92–96. Dort ist auch das Presbyterium vor und nach der Restaurierung abgebildet. – Siehe den Bericht im Pfarrgedenkbuch II, S. 135–139.

Neue Funde: *Emporekapitell* und Basis: Pfarrgedenkbuch II (1960), S. 59, und Schöngrabernbuch 1962, Abb. 48. *Schlußstein:* im Pfarrgedenkbuch II (1963), S. 61a. Erste Publikation anläßlich der Einweihung des Kriegerdenkmals von Franz Anton Coufal mit Abbildung des Schlußsteins im Festprogramm. Ferner im Katalog Romanische Kunst in Österreich, Krems 1964, S. 162ff., Abb. 23, 24 (Katalognummern 110–115 vom Autor bearbeitet). Siehe auch den Katalog des NÖ. Landesmuseums, Romanik, Gotik, Renaissance, NF 50, Wien 1970, S. 11ff., Nr. 5 (Schlußstein). Dort auch der Löwe, das andere Orgelkapitell (Abb. 6), die Abgüsse von Kain und Abel und „Der Mensch im Kampf gegen den Löwen“.

Maße: *Schlußstein:* 55,5×55,5 cm, *Emporenkapitell:* Höhe 38,5 cm, Deckplatte: 63,5×63,5 cm (heute im Lapidarium); das im NÖ. Landesmuseum befindliche Kapitell hat die Inv.-Nr. 6166. Das *Basisfragment* im Lapidarium von Schöngrabern mißt: Höhe 74, Sockel 80×58 cm.

Die **Restaurierungen des Jahres 1976/77** sind durch Berichte (Bundesdenkmalamt, 1977, Zl. 5780, und im Bauamt der Erzdiözese) festgehalten. Bauführung: Dipl.-Ing. Erwin *Plevan* und Dombaumeister Dipl.-Ing. Kurt *Stögerer*, der auch die Einrichtungsgegenstände des Presbyteriums entwarf. – Das Dokumentationszentrum wurde vom Diözesanmuseum Wien gemeinsam mit dem Diözesankonservator Dr. A. Saliger 1977 eingerichtet.

Schnitt durch die Pfarrkirche von Schöngrabern
Gegenwärtiger Zustand

Fig. 3: Verfaßt von Werner Nedoschill für das Institut für Baukunst und Bauaufnahmen der technischen Universität Wien. Der Schnitt zeigt den im letzten Viertel des 18. Jahrhunderts angebauten Turm mit der Orgelempore, dann das spätromanische Kirchenschiff mit den Hängepilastern und den neu errichteten hölzernen Gewölben. Im Chorquadrat sieht man das rekonstruierte Rippengewölbe mit dem eingesetzten Schlußstein und daran anschließend die Apsis. Das Raumgefälle wird im Schnitt deutlich, man erkennt die Gliederung der Wände. Die romanische Westempore ist angedeutet.

Die romanische Kirche ohne den späteren Turm

Fig. 5: Nordansicht

Fig. 6: Südansicht

Ansichten nach dem Stich von J. Hieser-G. Reiffenstein, aus:
Heider Gustav, Die romanische Kirche zu Schöngrabern, Wien 1855, Tafel III

Grundriß der Kirche

Fig. 7: Verfaßt von Werner Nedoschill für das Institut für Baukunst und Bauaufnahmen der technischen Universität Wien

Die Skulpturen an und in der Kirche:

1 Schlußstein, vier Weltreiche
2a Matthäus
2b Kopf (Basis)
3a Johannes
3b Kopf und Schlangen (Basis)
4 Lukas
5 Markus
6 Relief in der Apsis
7, 8 Ruhende Tiere
9a, b Position der Emporenkapitelle
10 Drei Apostelfiguren
11 Westportal mit Löwen?
12 Relief an der Südwand: Chronos mit Zeitenrad und Jagdszene
13 Südportal
13a, b Ruhende Tiere, Köpfe
14, 15 Reste von Tieren außen am Sockel
A Hl. Wolfgang, hl. Oswald, Schutzmantel-Muttergottes, Fresken
B Christophorusfresko
C Schreibender Teufel, Zeichnung

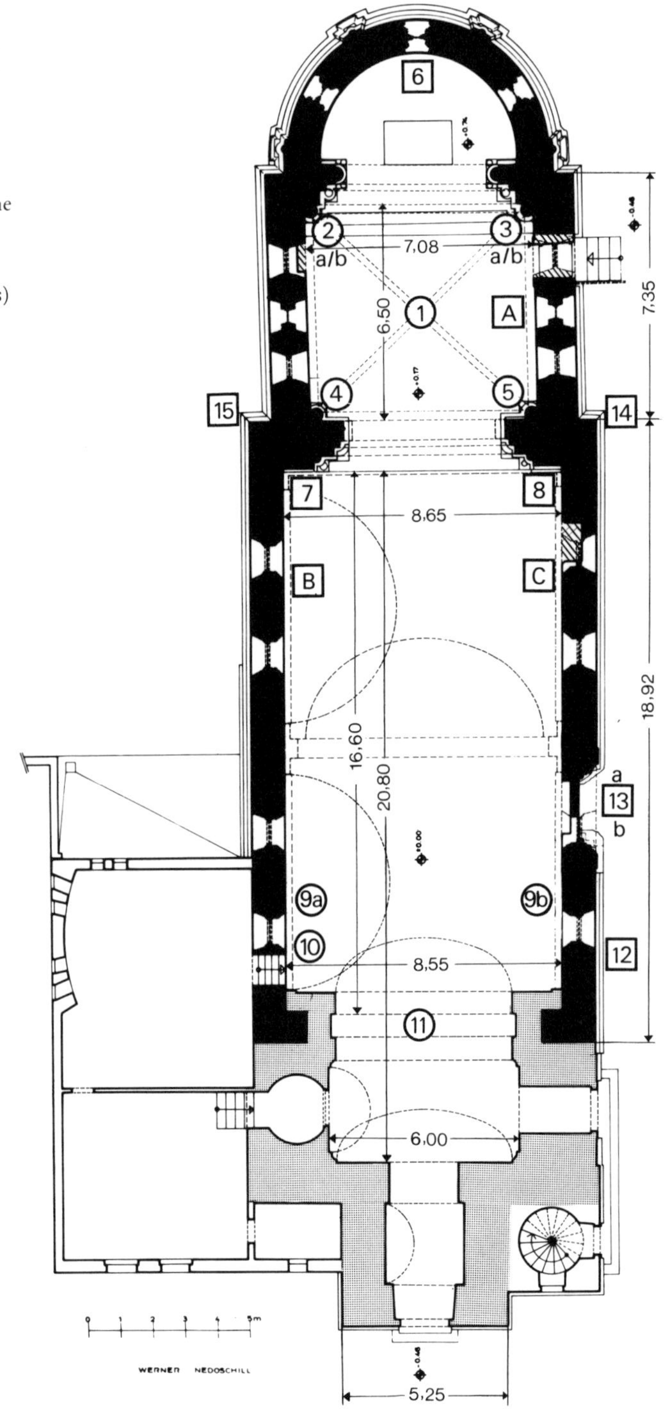

Der spätromanische Bau

Portalausbrüche in Gotik und Spätbarock

Ausbau 1784–1791

Zubau 1963

Über die **Gräber im Presbyterium** liegt ein Grabungsbericht von G. *Melzer* und E. M. *Winkler* im Bundesdenkmalamt auf (Vier Priestergräber, 1619 bis 1720). Photos im Pfarrarchiv.

Die Architektur als Bedeutungsträger

Dazu die Arbeit von *Sauer* Joseph, Symbolik des Kirchengebäudes und seiner Ausstattung in der Auffassung des Mittelalters. Mit Berücksichtigung von Honorius Augustodunensis, Sicardus und Durandus, Freiburg 1902. Von Interesse für Schöngrabern: das Kapitel über Zahlensymbolik (S. 61ff.) und die Symbolik der Himmelsrichtungen (S. 87ff.). Die Kirchenfenster (S. 120f.) lassen, so heißt es, das Sonnenlicht der göttlichen Gnade einströmen. Christus ist die ewige Sonne. Das Licht symbolisiert auch die reine Lehre, es erleuchtet die Gläubigen und vermittelt die Wahrheit des Glaubens. Die vier Evangelisten werden sinnbildhaft als die vier Ecken des Gebäudes bezeichnet (S. 303), was für die Symbolik des Chorquadrates in Schöngrabern zutrifft. Über das „Brautverhältnis von Christus und Maria zur Kirche" (Plastiken an der Apsis, südliches Feld oben) siehe S. 305f. und zur Dreiteilung der Apsisfelder denke man an: Sub gratia – sub lege scripta – sub lege naturae (S. 301). Siehe ferner: Bandmann G., Mittelalterliche Architektur als Bedeutungsträger, Berlin 1951.

Bildsprache des Innenraumes

Die Symbolik der **Emporenkapitelle** ist aus dem Verhältnis von Pflanze und figuraler Plastik zu verstehen, wobei Aufstreben oder Abwärtssinken, Fesselung oder freie Entfaltung einen Anhaltspunkt für die Interpretation geben. Erst im Zusammenhang aber läßt sich eine Unterscheidung guter oder böser, dämonischer Kräfte erkennen; manche Sinnbilder können auch indifferent oder ambivalent sein.

Zur Frage der positiven Bedeutung der Pflanzen: *Bauerreiß* R., Arbor vitae, Der Lebensbaum und seine Verwendung in Liturgie, Kunst und Brauchtum des Abendlandes, München 1938. Dämonische Pflanzen in: *Schade* Herbert, Dämonen und Monstren, Gestaltungen des Bösen in der Kunst des frühen Mittelalters, Regensburg 1962, S. 41ff. – Allgemein: *Möbius* Friedrich und Helga, Bauornament im Mittelalter, Symbol und Bedeutung, Wien 1978. Die stilisierten Blätter des Emporenkapitells, die in drei Reihen übereinandergelegt sind, erinnern an Säulenkapitelle des *Zwettler* Kapitelsaales. Die feine Durcharbeitung an dem neugefundenen, gut erhaltenen Kapitell, besonders die kunstvoll geformten Köpfe, die Augen und die Haare, lassen an einen führenden Künstler der Normandie denken. Die von Novotny aufgezeigte Ähnlichkeit mit den Kapitellen von St. Jakob in *Regensburg* – ein Problem, das später noch behandelt werden soll – trifft nur bedingt zu. Auch die Kapitelle im Langhaus von St. Jakob weisen Blattornamente mit Köpfen an den Ecken auf. Die gesamte Anordnung aber ist anders. In Regensburg ist das Kapitell in zwei Platten zerlegt, die in der ornamentalen Behandlung deutlich voneinander getrennt erscheinen. Besonders fällt die plastische Zerlegung der Motive auf. Demgegenüber sind die Kapitelle der Vorhalle von St. Emmeram – das Ornament mit den Widderköpfen, die Weinranken mit den Löwenmasken – Schöngrabern in der Art ihrer Bearbeitung näher. Auch hier bleibt der einheitliche Mauerkern in seiner Wirkung erhalten. Nicht die Isolierung der plastischen Motive ist in Schöngrabern entscheidend, sondern die fein ziselierte Ornamentik des plastischen Volumens. Am ehesten sind noch die Kapitelle auf der Westempore von St. Jakob in Regensburg, die am spätesten zu datieren sind, mit dem Stil von Schöngrabern zu vergleichen. Obwohl die stilistischen Veränderungen in der allgemeinen Entwicklung liegen, dies beweist St. Emmeram, kann zwischen Schöngrabern und Regensburg kein Schulzusammenhang oder eine direkte Abhängigkeit nachgewiesen werden. Man hat es – wie Novotny 1926 schrieb – mit einer neuerlich aus Frankreich kommenden Kunst zu tun, jedenfalls nicht mit einer Tradition, die sich ohne fremden Einfluß aus der Hütte von St. Jakob entwickelt hätte. Dies beweist auch das zugehörige Basisfragment im Pfarrgarten mit den fein ziselierten Eckblättern.

Zum Vergleich der Kapitelle und Basen in *Regensburg*-St. Jakob und St. Emmeram, siehe *Karlinger* Hans, Romanische Steinplastik in Altbayern und Salzburg, Augsburg 1924, Abb. 28, 29, 38, 39. – *Stiegler* Anton, St. Jakob in Regensburg, Schnell und Steiner, Kunstführer Nr. 691, München 1969, Abb. S. 6. – *Novotny* Fritz, Neue Funde in Schöngrabern, Zeitschrift für Denkmalpflege, 14. Jg., Wien 1960, S. 139f., Abb. 136 (Kapitell), 137 (Basis), 138 (Empore St. Jakob; Vergleiche mit Salzburg). Er hält mit Recht die Anbringung der Kapitelle unter der Empore von Schöngrabern für wahrscheinlicher als eine solche an der Westfassade.
Vergleiche Eckköpfe mit Blättern oder Palmetten: *La Celle-Bruère*, in: Berry romane, Zodiaque 1970, Bd. 32, Abb. 93; *Neuvy-Saint-Sépulcre*, Abb. 56; *Saint-Genou*, Abb. 26. Ein Beispiel auch in *Pisa*, Baptisterium: *Salmi* Mario, La scultura romanica in Toscana, Florenz 1928, Tafel XVIII, Abb. 215. Ferner: *Berchtesgaden*, Kreuzgang, bei *Karlinger* Hans, Die romanische Steinplastik in Altbayern und Salzburg, Augsburg 1924, Abb. 118.

Kapitell und Basis im Chorquadrat. Hier könnte man zunächst von einer Antithese ausgehen: die Zone des Guten oben, die des Bösen unten, von den Säulen niedergehalten. In Schöngrabern gibt es jedoch eine Überschichtung dieser Zonen, die einem solchen einfachen Schema entgegensteht.

Die **Tiere am Sockel vor dem Chorquadrat** unter den Pfeilern des Triumphbogens haben zur Architektur keine direkte Beziehung, sondern sind den Sockelprofilen vorgesetzt. Nach *Schade* H., Dämonen und Monstren, Regensburg 1962, S. 32ff., ist den Dämonen der äußerste Rand der Welt vorbehalten. Dies ergibt sich aus der Stufenfolge des Weltbildes, aber auch aus der Heiligen Linie, der Ost-West-Achse, nach der man den Kosmos orientierte. – Die Fragmente in Schöngrabern lassen auf ruhende Tiere schließen. Sie kämpfen nicht, als Wächter des Sanktuariums sind sie zu unbedeutend. – Siehe: *Novotny* Fritz, Neuentdeckungen in der Kirche von Schöngrabern, Kirchenkunst, 9. Jg., Heft 4, Baden 1937, S. 93.

Die **Sockelfiguren der östlichen Chorsäulen.** Die beiden vorgelagerten Köpfe werden nicht durch die Säulen niedergehalten; sie sind mit ihren geflochtenen Haaren an den Sockel gebunden. Die Blätter (Lebensranken), die aus ihrem Maul kommen, scheinen nicht aus ihnen zu sprießen, sondern wirken eher eingezogen oder durchgebissen. Die Schlangen an der rechten rückwärtigen Basis, die sich gegenseitig verschlingen, sind in die Wulstprofile eingebunden. Solche Wulste oder Säulen ver-

Fig. 8 **St. Markus,** Evangelistensymbol in den Trompen der Kuppel von Apt, 3. Viertel 12. Jh. Aus: Provence (Haute) romane, Zodiaque 1977, Abb. 134.

schlingende Tiere finden sich mehrfach, sehr oft in Frankreich, meist sind es Kapitelle (Regensburg, Museum; Millstatt, Kreuzgang usw.). Es sind meines Erachtens dämonische Sinnbilder, freilich ohne Aggression. Die figuralen Basen sind mit dem Kopfkapitell von *Cunaud* zu vergleichen (Anjou roman, Zodiaque, 1959, Bd. 9, Abb. 27).

Die **Evangelistenkapitelle** sind an ihren Attributen klar zu identifizieren. Die von ihnen gehaltenen offenen Bücher finden wir in der romanischen Skulptur und Plastik mehrfach. Ein Beispiel: der Engel im Museum *Regensburg: Karlinger* Hans, Romanische Steinplastik in Altbayern und Salzburg, Augsburg 1924, Abb. 72; dort auch das wulstverschlingende Kapitell, Abb. 73. Ein Engel mit offenem Buch auch in *Sélestat, Rumpler* M., Sculptures romanes en Alsace, Straßburg 1960, Abb. 54. Novotny vergleicht mit *Conques: Kingsley* Porter, Romanesques Sculpture of the Pilgrimage Roads, Boston 1923, Bd. 4, S. 388–391. *Bury: Michel* A., Histoire de l'Art, I/2, Paris 1905, S. 662, Abb. 376, zeigt Karyatiden, die eine ähnliche Wucht der plastischen Durchformung aufweisen.

Skulpturen der vier Evangelisten in Kuppelräumen findet man etwa in *Marseille,* La Major; Provence romane, Zodiaque 1974, Bd. 40, S. 132–137, und *Apt:* Provence (Haute) romane, Zodiaque 1977, Bd. 46, Abb. 133, 134. Die vier Evangelisten als Apsidenschmuck in *Rosheim,* St. Pierre et St. Paul, links und rechts des Mittelfensters: *Rumpler* M., Sculptures romanes en Alsace, Straßburg 1960, Abb. 81.

Köpfe in Ranken – über Markus und Lukas – sind durch das Gebundensein an das

Fig. 9: **Engel mit geöffnetem Buch,** Regensburg, Museum der Stadt. 2. H. 12. Jh. Aus: Karlinger Hans, Romanische Steinplastik, Augsburg 1924, Abb. 72.

streng geometrische Ornament in einem Gegensatz zu den frei vor der Säule schwebenden Evangelistensymbolen. Man sollte hier nicht an Dämonen denken, sondern an nicht gelöste (erlöste) Menschen. Wiebel sieht in dem Kopf über dem Markussymbol einen Gaukler, weil dieser eine perükkenartige Haartracht hat. Die Ranken, denen nichts Vegetabiles anhaftet, deutet er als Flammensymbole. Die daraus abgeleiteten „Gerichtsgedanken" lassen sich nicht in der Bildsprache der Kapitelle erkennen.
Vergleiche: Freiplastik vor Rankenornament zeigt das Taufbecken in *Bodmin*, *Zarnecki* George, Later romanesque sculpture, London 1953, Abb. 101. Figurale Plastik im Rankenwerk in *Piacenza,* S. Savino, *Jullian* René, Les sculpteures romans de l'Italie septentrionale, Paris 1952, Tafel XXXII, Ab. 1–4. Die hier abgebildeten Kapitelle sind gegenüber Schöngrabern plastischer durchformt und nicht flächig eingebunden. Ferner: *Fontgombault,* in: Berry roman, Zodiaque 1970, Bd. 32, S. 31, und in *Lautenbach, Rumpler* M., Sculptures romanes en Alsac, Straßburg 1960, Abb. 1. – *Châlons-sur-Marne,* in: *Schade* Herbert, Dämonen und Monstren, Regensburg 1962, Abb. 24a. – Figurale Plastik, vom Ornament geschieden, zeigt ein Kapitell der Ritterkapelle in *Seitenstetten,* siehe *Ortmayr-Decker,* Das Benediktinerstift Seitenstetten, Wels 1955, S. 339.

Die **Tierkämpfe** über Matthäus und Johannes sind viel dramatischer in ihrer Antithese zu den Evangelisten als die beiden anderen Kapitelle des Chorquadrates. Die **beiden Löwen** (über dem Matthäus), die einen Menschen anfallen, lassen sich als Sinnbilder des Teufels deuten. Der erste Petrusbrief 5,8 gibt hier ein sehr passendes Zitat: „Seid nüchtern und wachet! Denn euer Widersacher, der Teufel, geht umher

Fig. 10: **Löwen-und-Flechtwerk-Kapitell** – im Langhaus von St. Jakob in Regensburg um 1170/80. Aus: Karlinger Hans, Romanische Steinplastik in Altbayern und Salzburg, Augsburg 1924, Abb. 28.

wie ein brüllender Löwe und sucht, wen er verschlingen könne." Ein abwärts stürzender Mensch, von Löwen angefallen – Kapitell in *Le Dorat* –, wird z. B. als Höllensturz eines Verworfenen gedeutet, *Tetzlaff* Ingeborg, Romanische Kapitelle in Frankreich, Köln 1976, Abb. 37.
Zur Thematik gibt es in der Kunst viele Vergleichsbeispiele. Etwa in *Chateaumeillant,* Berry roman, Zodiaque 1970, Bd. 32, Abb. 79, 80; in *Lescar: Aubert* Marcel, La sculpture française au moyen-âge 1946, S. 30. Zum Löwenkopf am Kapitell des hl. Matthäus vergleiche *Volterra,* Tympanon von S. Giusto, Museo Guaruacci, *Biehl* Walter, Toskanische Plastik des frühen und hohen Mittelalters, Leipzig 1926, Tafel 10a, ferner *Lautenbach,* Kapitelle, *Rumpler* M., Sculptures romanes en Alsace, Straßburg 1960, Abb. 6 und 10. Als naheliegendes Beispiel sei das Südportal am Dom von *Trient* genannt.
Das **Schaf, von Wölfen angefallen** (über dem Johannes), basiert auf der Stelle aus dessen Evangelium (Joh 10, 12) vom guten Hirten. Es heißt, der Wolf räubert unter den Schafen und versprengt sie. Und Augustinus sagt: „Wer ist der Wolf, wenn nicht der Teufel." Weitere Zitate und Deutungen: Lexikon der Christlichen Ikono-

graphie, Bd. 4, Herder, 1972, S. 535ff. – Schaf und Widder haben als Opfertiere auch einen christologischen Bezug. – Vergleichsbeispiel: Kapitell in *Moissac, Tetzlaff* Ingeborg, Romanische Kapitelle in Frankreich, Köln 1976, Abb. 11.

Der **Schlußstein** zeigt in den Ecken der rechtwinkelig auftreffenden Rippen vier Köpfe, die stilistisch mit den Skulpturen der Apsis zusammengehen. Am ehesten könnte man an einen Hinweis auf die vier Weltreiche denken, da die Köpfe genau in die Himmelsrichtungen blicken. Die vier Weltreiche sind ein immer wiederkehrendes Sinnbild. Bezeichnenderweise zeigt der Schlußstein des Chorquadrates kein Christussymbol; dieses war der Apsis vorbehalten. – Georg *Zarnecki* nannte in einem Brief an den Autor Vergleichsbeispiele in *Kilpeck, Peterborogh, Iffley* und *Elkstone.* An diesen englischen Bauwerken finden sich wohl Schlußsteine mit Köpfen, nirgends aber sitzen sie in den Rippenzwikkeln in strenger architektonischer Gebundenheit. Ein weiterer Hinweis auf die Einmaligkeit der Schöngraberner Skulpturen, die sich eher aus dem Konzept als aus dem Schulzusammenhang erklären läßt. – Zu den Fresken in *Pürgg: Demus* O., Romanische Wandmalerei, München 1968, S. 208f. *Feuchtmüller* R., Kunst in Österreich I, Wien 1972, S. 45. – *Bandmann* Günther, Mittelalterliche Architektur als Bedeutungsträger, Berlin 1951, S. 73: Der Schlußstein ist das Haupt. In Schöngrabern sind die Köpfe nicht in der verbindenden Mitte, sondern in den Zwickeln.

Das **Madonnenrelief,** das abgemeißelt wurde, ist in der Apside nur in schwachen Umrissen erkennbar – *Novotny* Fritz hat es gedeutet und beschrieben in: Neue Entdeckungen in der Kirche von Schöngrabern, Kirchenkunst, 9. Jg., Heft 4, Baden 1937, S. 94.

Die **Sakramentsnischen** mit ihrem bekrönenden Flechtwerkband verweisen auf eine italienisch-mediterrane Komponente, die in Schöngrabern wie in Regensburg wirksam war. Irische und normannische Ornamente sind davon verschieden.

Die Bilder am Außenbau

Der **Skulpturenschmuck des Westwerkes** kann nur aus den erhaltenen Fragmenten erschlossen werden, wobei deren Position nicht zu belegen ist. Auch fanden sich bisher keine Architekturteile, die uns die Form eines Portales mit Sicherheit rekonstruieren ließen. Fragmente und Quadern, die zum abgebrochenen Westwerk gehört haben dürften, liegen im ehemaligen Pfarrgarten nördlich der Kirche. Sie wurden im Mauerwerk des abgetragenen Wirtschaftshofes östlich der Kirche gefunden, wo sich auch das zweite Orgelkapitell 1959 befunden hatte. Im Abbruchmaterial befand sich kein steigender Rundbogenfries, wie er zu einem Giebel passen würde.

Der sogenannte **Portallöwe** befindet sich heute im NÖ. Landesmuseum, Inv. 7258, 56×70 cm. Er ruht auf einer Platte und dürfte auf einem Podest gestanden sein. Da er auf allen Seiten bearbeitet ist, war er vermutlich nicht in die Architektur unmittelbar einbezogen. Nähere Beschreibung im Katalog des NÖ. Landesmuseums, Romanik, Gotik, Renaissance, NF. 50, Wien 1970, S. 11, Nr. 1. – *Donin* R. K., Schöngraberns romanische Kirche, Hollabrunn 1913, Abb. 7. – Zum Portal der Wiener Schottenkirche: *Donin* R. K., Geschichte der bildenden Kunst in Wien, Von der Urzeit bis zur Romanik, Bd. 1, Wien 1944, Abb. 105, 106.

Die drei Apostel, heute an der Nordwand des Schiffes innen, hatten früher verschiedene Standorte. *Endres* J., Die Skulpturen an der Kirche von Schöngrabern, in: Die christliche Kunst, 7. Jg., München 1910/1911, S. 318f., denkt an Propheten oder an Apostel. Bezüglich ihrer Aufstellung denkt Endres, in Analogie zu Yák, an die Stirnseite eines ehemaligen Portalgiebels. – *Novotny* F., Romanische Bauplastik in Österreich, Wien 1930, S. 10, Abb. 16, 17, glaubt aus einem Fragment auf die Anbringung in einer Portalleibung schließen zu können. – Vergleiche in der Haltung führen zu einem Relief aus dem Vorhofbogen der Kathedrale zu *Parma;* zweite Figur von links: *Jillian* René, Les sculpteures romans de l'Italie septentrionale, Paris 1952, Tafel LXXXV, Abb. 5. Im lokalen Bereich sei auf die Wultendorfer Reliefs verwiesen: Katalog des NÖ. Landesmuseums, Romanik, Gotik, Renaissance, NF 50, Wien 1970, S. 14, Abb. 3.

Fragmente vom Westwerk. Außer den Quadern und dem Westemporenkapitell wurden 1960 noch eine kleine kniende Figur mit Schwanz gefunden, außerdem ein Stück Säule mit gedrehten Schnüren (vom nördlichen oberen Feld) und ein kleines Kapitell (Pfarrchronik II, S. 59, ferner *Novotny* Fritz, Neue Funde in Schöngrabern, in: Österr. Zeitschrift für Kunst und Denkmalpflege, 14. Jg., 1960, S. 139f.). Die kleine Figur könnte am Westportal, ähnlich den Basisfragmenten am Südportal, Verwendung gefunden haben. Das Kapitell – Würfelform mit Eckgraten, im Mittelfeld eine Rosette (außen 9, innen 4 Blätter) – kann nicht von der Apsis stammen, da dort die Kapitelle mit den Wandquadern verbunden sind. Es könnte zu einem Westfenster gehören. Auch die aufgefundenen Gewändereste für ein Fenster (heute im Lapidarium von Schöngrabern) könnten dem Westwerk zugehören. – Stilistisch stimmt das sehr gut erhaltene Kapitell mit den Kapitellen über den Konsolsäulchen in den östlichen Ecken des Langhauses überein. Daß sich diese Form – nur ohne Rosette – auch am Kapitell der Mittelsäule des Kapitellsaales in Zwettl findet, gibt einen neuen Hinweis auf die Architektur der Zisterzienser. Ein weiteres Vergleichsbeispiel im Wiener Schottenstift: „Romanische Kapelle". Zum Kapitellsaal von Stift Zwettl siehe dazu: Österreichische Kunsttopographie, Bd. XXIX, Wien 1940, Abb. 133. – Zum Vergleichsbeispiel in der Wiener Schottenkirche: *Oettinger* Karl, Das Werden Wiens, Wien 1951, S. 122, Tafel 9b, und *Latzke* Walter, Romanische Baufunde in der Wiener Schottenkirche, Österreichische Zeitschrift für Denkmalpflege, 4. Jg., 1950, S. 25ff., Abb. 31; *Rapf* Cölestin Roman, Das Schottenstift, Wien 1974, Abb. 3.

Das **Südportal** kann in seiner kämpferlosen Form gleichfalls von den Baugepflogenheiten der Zisterzienser abgeleitet werden. Kämpferlose Portale siehe: *Donin* R. K., Romanische Portale in Niederösterreich, Jahrbuch des Kunsthistorischen Institutes der k.k. Zentralkommission für Denkmalpflege, Bd. IX, 1915, S. 1–105. Man denke auch an das Portal im Ostflügel des Kreuzganges in Zwettl.

Die **Sockelreliefs.** Vergleiche, freilich ohne Abhängigkeit, mit: *Saint-Gilles du Gard* und *Arles,* Saint-Trophime, in: *Tetzlaff* Ingeborg, Romanische Portale in Frankreich, Köln 1977, Abb. 58, 60, ferner: Domportal von *Trani,* San Nicola pellegrino, in: *Decker* Heinrich, Italia romanica, Wien 1958, Abb. 189.

Das **Monatsrelief** besteht aus zwei Szenen: links eine Eberjagd mit Hund und Sirene, rechts das Zeitenrad, von Chronos bewegt, mit doppelköpfigem Janus. Da die Eberjagd in den Monatsdarstellungen seit dem frühen Mittelalter stets den Monat Dezember symbolisiert und sich der Januarius von dem altrömischen Gott Janus ableitet, ist die Deutung als letzter und erster Monat des Jahres gewiß. Dezember und Jänner bezeichnen Ende und Anfang des Jahres, wobei der Dezember für die Monate des gesamten Jahres stehen könnte: „Omnibus in membris designat imago decembris" lautet die Inschrift am Monatsbild Dezember in *Vézlay* (*Evans* Joan, Cluniac art of romanesque period, Cambridge 1950, S. 89). Man vergleiche vor allem die italienischen Monatsreliefs in *Arezzo,* Hauptportal Pieve di S. Maria (Romanische Plastik in Italien, Parthenon 1942, Tafel XXI) und in *Verona,* San Zeno: *Crichton* G. H., Romanesque sculpture in Italy, London 1954, Abb. 19b. Siehe auch die Jagddarstellungen am Baptisterium von *Pisa,* Pfeilerkapitell: *Biehl* W., Toskanische Plastik des frühen und hohen Mittelalters, Leipzig 1926, Abb. 84 a. Siehe ferner: *Goldschmidt* A., Der Albanipsalter in Hildesheim, 1895, S. 146 (Janus als Jänner).

Handschriften und Mosaiken zeigen eine ähnliche Thematik. Siehe auch *Sauer* J., Symbolik des Kirchengebäudes, Freiburg 1902, S. 265–271. Endres hat die „vermummte" Gestalt im rechten Relief als Winter gedeutet, die Kugel wurde von Wiebel sogar als Schneeball angesehen. Franz Diethauer hat dem widersprochen: er sieht in der Kugel einen Kugelstern, auf den einer der drei Könige (eben der vermummte) hinweist, womit das Hauptfest dieses Monats, die Epiphanie, symbolisiert wird. Auch diese Deutung bleibt problematisch. Vor allem ist sie es dadurch, daß die „vermummte" Figur nur grob, eben nicht vollendet ausgearbeitet (oder abgemeißelt?) wurde. In beiden Szenen – und das verdient Beachtung – wurden alte Sinnbilder verändert. Chronos bewegt zwar das Rad des Lebens, das mit seinen acht Speichen auf kosmische Dimensionen hinweist, die Schlangen aber, mit denen die Menschen ins Rad gefesselt wurden, sind Sinnbilder des Bösen. Siehe die Darstellungen der Verdammten im Mosaik von *Otranto* – *Haug* Walter, Das Mosaik von Otranto, Wiesbaden 1977, Abb. 23. Chronos bewegt also nicht Janus, den Gott des Anfangs, sondern die Menschen selber, die an das Auf und Ab des Lebens durch ihr unerlöstes Dasein, durch ihre Sünden gefesselt sind. Die Kugel gehört dem gleichen Vorstellungskreis an. Ihr rastloses Rollen bringt den einen in die Höhe, den anderen in die Tiefe; sie hat zweifellos zu dem voranschreitenden „vermummten" Menschen Bezug. Verlockung durch die Sirene, ein Zwittergeschöpf, halb Mensch, halb Fisch, und die Fesselung ins Rad der Zeit, zeigen wieder jenen düsteren Hintergrund, der in Schöngrabern auch die weltliche Darstellung bestimmt. Die ältere Deutung in: *Wiebel* Richard, Die geistige Botschaft der romanischen Bauplastik, München 1940, S. 58f. – Zum Monats- und Glücksrad siehe die Darstellungen in Oberitalien, *Trient,* Dom: *Passamani* Bruno, La Scultura Romanica des Trentino, Trient 1963, S. 86ff.

Die formale und geistige Ordnung der Apsis

Sie wird durch den Plan der Apsis und die schematische Zeichnung S. 192/193 und 194/195 deutlich gemacht. Der Rahmen gibt die große Ordnung an und führt von den allgemeineren Randzonen zur stärkeren und immer klareren Aussage im Zentrum. Die Interpretation von Richard

Fig. 11: **Kopfkapitell** aus Berchtesgaden im Kreuzgang der ehemaligen Stiftskirche, um 1200. Aus: Karlinger Hans, Romanische Steinplastik in Altbayern und Salzburg, Augsburg 1924, Abb. 112.

Wiebel, Die geistige Botschaft der romanischen Bauplastik, München 1940, wird im folgenden zum Vergleich mit der eigenen Interpretation angeführt.

Die vier Kapitelle der tragenden Säulen zeigen eine durchaus eigenständige Bildsprache, die ohne direktes Vorbild ist. Wiebel (S. 46f.) deutet das **südliche Kapitell** mit den Bärten als Sinnbild für das Verflochtensein in gemeinsamer Sünde, das **südöstliche** mit dem Blattwerk als Hinweis auf Paradies, Himmel und Sieg, das **nordöstliche** als Sinnbild für das verschiedene Los der Menschen (verschiedene Bartform) und das **nördliche** mit den Jochen des Teufels als Knechtschaft. Wiebel ordnet seine Interpretation nach den Himmelsrichtungen: Süden = Sünde, Osten = Tod, Norden = Teufel. Dieser allgemeine Hinweis wird durch die **Konsole im Süden:** ein von Schlangen durchwühlter Kopf, und die **Konsole im Norden:** eine Teufelsfratze, bestätigt. Wiebels Auslegung geht meines Erachtens zu weit und engt dadurch ein. Die Art der Kopfkapitelle verweist nach Italien, z. B. *Modena: Baltrušaitis* Jurgis, La stilistique ornamentale dans la sculpture romane, Paris 1931, Abb. 316, 323. Verwandtes findet sich in Bayern. Siehe bei *Karlinger* Hans, Die romanische Steinplastik in Altbayern und Salzburg, Augsburg 1924. *Regensburg,* Museum, S. 34, *Regensburg,* St. Emmeram, S. 57, *Salzburg,* Nonnberg, S. 108, *Berchtesgaden,* S. 109, 112–114, *Passau,* Niedernburg, S. 150.

Die Sinnbilder im Rundbogenfries. Die *Rosette* über dem Südfenster deutet Wiebel (S. 45) als Hinweis auf Licht und Himmel, das *Dreiblatt* als Abwehrzeichen, was wohl zu den Himmelsrichtungen paßt, aber die Reliefs darunter nicht berücksichtigt. Das nördliche Feld der Apsis bedarf keines Abwehrzeichens, da die Kopfkonsole über dem Fenster als ein Sinnbild des Guten erscheint.

Kapitelle und Konsolen der Säulchen. Nach Wiebel: *Im Süden* (S. 49f.), linke äußere Säule: Blattwerkkapitell mit Tier = Paradies. Links vom Fenster: Kapitell mit Blattwerk = Paradies; darunter Konsole mit Löwenkopf = Tod. Rechts vom Fenster: Kapitell mit Traubenranken = Paradies; darunter Konsole mit Katze und Maus = der Teufel als Seelenfänger. Säule rechts außen: Kapitell mit Menschenkopf und Blattwerk = Auferstehung.

Osten (S. 52f.): Links vom Fenster: Blattwerkkapitell = Himmelshoffnung; hier aber unfruchtbarer Baum. Darunter Konsole mit herabhängenden Händen = zerbrochener Arm des Sünders. Rechts vom Fenster: Adlerkapitell mit Stern = Gerichtsadler. Darunter Konsole mit Bart = Todesschlaf des Gerechten (zum Schlaf geflochtene Bärte).

Norden (S. 54f.): Palmettenkapitell (links und rechts der Hochsäule) = Hoffnung auf den Himmel. Am Säulenschaft: Tiere in Medaillons = Lasterdarstellungen in bezug zur Luxuria. Links vom Fenster: Traubenkapitell mit Menschen = Diebe im Weingarten Gottes. Rechts vom Fenster: Traubenkapitell = Weingarten Gottes. Darunter Kopfkonsole mit zweigeteiltem Bart = Lügner. Kapitell der Ecksäule rechts außen: Hasen im Weingarten = Schädlinge, Irrlehrer. Die Figuren am Schaft: Wassermann und Wasserfrau = Fürbitte um Befreiung der armen Seelen. –
Die Thematik dieses nördlichen Feldes ist vor allem dadurch bestimmt, daß Wiebel den Kopf über dem Fenster für den Teufel hält und von dieser negativen Interpretation ausgehend die Sinnbilder deutet.
Die eigene Interpretation des Autors, die in vielem abweicht, findet man im Haupttext dieses Buches.
Vergleiche zu den Medaillons auf dem linken Säulenschaft siehe: *Siviane,* Provence romane (Haute), Zodiaque, Bd. 46, 1977, Abb. 98–105. *Saint-André de Rosans,* halbornamentierte Säule ebendort, Abb. 116. – Relief mit Adler und Pferd aus *Easby,* heute im Victoria-und-Albert-Museum, London: *Aubert Marcel,* La sculpture Française au moyen âge, 1946, Abb. 23. – *Novotny* Fritz, Romanische Bauplastik in Österreich, Wien 1930, verweist auf Italien, *Pisa* (S. 102, Anm. 40). Siehe: *Lucca: Biehl* W., Toskanische Plastik des frühen und hohen Mittelalters, Leipzig 1926, Tafel 136. Anders die Ornamente in England: *Kilpeck, Zarnecki,* Later english romanesque sculpture, London 1953, Abb. 19.

Beschreibung der Figurengruppen

Der Sündenfall – südliches Feld unten. *Interpretation:* Römerbrief 5, 12–21 über

Fig. 12: Der **Sündenfall** am Kapitell in Cluny, Musée de Farinier, ehemals in der Abteikirche Saint-Pierre-et-Saint-Paul 1115 1120. Aus Rupprecht Bernhard, Romanische Skulptur in Frankreich, München 1975, Abb. 142.

Adam und Christus; Vers 21: „Wie die Sünde herrschte durch den Tod, so die Gnade herrsche durch die Gerechtigkeit zu ewigem Leben durch Jesus Christus."

Schade Herbert, Dämonen und Monstren, Regensburg 1962, S. 63–66, Abb. 45 und S. 152, sieht in Schöngrabern eine parataktische Komposition. Adam und Eva stehen unabhängig nebeneinander, der Blick trennt sie. Der Baum „Omphalos" symbolisiert die Mitte der Welt. – Gewiß ist diese Isolierung ein Charakteristikum der Darstellung in Schöngrabern; die Szene zeigt keine Handlung. Beide Menschen halten Früchte in Händen, jeder wird von einem Dämon erfaßt. Der Drache zeigt die Einflüsterung, die Konsequenz offenbart sich im Teufel, der Adam packt. – Diese spätromanische Darstellung stellt Adam bereits bartlos dar. An Stelle eines Apfelbaumes sehen wir schon den Feigenbaum.

Zum Thema allgemein: *Esche* Sigrid, Adam und Evas Sündenfall und Erlösung, Düsseldorf 1957, und *Ehrenstein* Theodor, Das Alte Testament im Bilde, Wien 1923, Tafel II. – Die enge Nachbarschaft zur Verdammnis zeigt das Tympanon und das linke Kapitell in *Neuilly en Dijon: Focillon* Henri, L'Art des Sculptures Romans, Paris 1964, Tafel XXXIX.

Einige bekannte *Vergleichsbeispiele,* die zeigen, wie sich die Schöngraberner Darstellung von den anderen romanischen Darstellungen unterscheidet, zitiert nach wichtigen Werken: *Kingsley* Porter, Romanesque sculpture of the pilgrimage roads, Boston 1923: *Vézelay* (Bd. 1, S. 28), *Clermont-Ferrand* (Bd. 8, S. 1171), *Arles* (Bd. 9, S. 1367), *Nimes* (Bd. 9, S. 1380). – *Richter* Gottfried, Romanisches Burgund, Stuttgart 1962: *Cluny* (Abb. 10), *Anzy-le-Duc* (Abb. 35). – Guyenne Romane, Zodiaque, Bd. 31, 1969: *Moirax* (Abb. 45), *Esclottes* (Abb. 160), *Montpezat* (Abb. 138, 139). – Haute Poitou, Zodiaque, Bd. 42, 1975: *St. Radegoude* (Abb. 63). – *Rumpler* M., Sculptures romanes en Alsace, Straßburg 1960: *Andlau* (Abb. 72). – *Biehl* Walter, Toskanische Plastik des frühen und hohen Mittelalters, Leipzig 1926: Kapitell im Dom von *Savona* (Abb. 20a). – *Dell'Acqua, Gian* Alberto, Romanische Plastik in Italien, Partenon o. J.: *Verona,* S. Zeno, T. VII. – *Karlinger* Hans, Die romanische Steinplastik in Altbayern und Salzburg, Augsburg 1924: *Reichenhall,* St. Zeno (Abb. 96). – *Novotny* Fritz, Romanische Bauplastik in Österreich, Wien 1930: *Gobelsburg* (S. 55f.), abgebildet bei *Eppel* Franz, Das Waldviertel, Salzburg 1963, Abb. 38, dort auch die spätere Datierung um 1200. Zum formalen Problem siehe: *Baltrušaitis* J., La stilistique ornamentale dans la sculpture romane, Paris 1931: *Lavaudieu* (S. 146, Fig. 394), *Elne* (Fig. 395), *Valence* (Fig. 396), *Clermont-Ferrand* (S. 212, Fig. 630). Die Darstellung von zwei Dämonen findet sich in der romanischen Kunst öfter. Die *Striemen* deutet Endres als Brandmale, Die Skulpturen an der Kirche von Schöngrabern 1910/11, S. 309. – Vergleiche: *Conques bei Kingsley* Porter, Romanesque sculpture of the pilgrimage roads, Boston 1923, Bd. 4 (Abb. 400). – *Vézelay: Richter* G., Romanisches Burgund, Stuttgart 1962 (Abb. 63). – *Salisbury, Malmesbury: Zarnecki* G., Later english romanesque sculpture, London 1953, Abb. 45, 46. – *Bayeux: Novotny* F., Romanische Bauplastik in Österreich, Wien 1930, Abb. 23.
Vergleicht man die Szene mit einigen dieser genannten Darstellungen, dann fallen die Unterschiede erst recht ins Auge.
Schöngrabern hebt sich durch seine expressive Darstellung deutlich ab. Das Relief bietet mehr als ein bildhaftes Gleichnis.

Kain und Abel vor dem Thron Gottes – östliches unteres Feld. *Zum Thema* allgemein: *Ehrenstein* Theodor, Das Alte Testament im Bilde, Wien 1923, Tafel III.
Vergleiche: Moutier-Saint-Jean, jetzt Cambridge-Fogg-Museum, *Deschamps* Paul, Die romanische Plastik Frankreichs, 11. und 12. Jh., Berlin 1930, Abb. 40b. – Fassadenrelief am Dom von *Modena: Dell'Acqua,* Gian Alberto, Romanische Plastik in Italien, Parthenon (1942), Tafel II. – *Lincoln,* Kain und Abel am Feld, *Zarnecki* G., Later romanesque sculpture, London 1953, Abb. 57. Lincoln zeigt, wie der Teufel einen Menschen beim Ohr packt. Abb. 63. – Ferner: *Haug* Walter, Das Mosaik von *Otranto,* Wiesbaden 1977, Abb. 10/11; *Röhrig* F., Der *Verduner Altar,* Wien 1955, Abb. 23. – Nirgends ist der Brudermord mit der Opferszene thematisch verbunden. – Eine allgemeine

Fig. 13: **Kain erschlägt Abel.** Kapitell von Saint-Pierre-de-la-Tour, nach 1130. Aus Rupprecht Bernhard, Romanische Skulptur in Frankreich, München 1975, Abb. 80.

Darstellung des Brudermordes am *Riesentor von St. Stephan: Feuchtmüller* Rupert, Der Wiener Stephansdom, Wien 1978, S. 64 unten. Hier schlägt gleichfalls ein Mensch auf den anderen mit einer Hacke ein.

Interpretation. Dietheuer Franz, dem ich den Hinweis auf den Hebräerbrief verdanke, besitzt in seiner Dokumentation eine reiche Zitatensammlung, in der Abel mehrmals als Vorbild Christi genannt wird: Als Vorbild für das Meßopfer wie auch für den Opfertod Christi. – Der Verduner Altar in Klosterneuburg bezieht seine Inschrift auf die Heimtücke Kains und stellt so den Bezug zum Verrat des Judas' her.

Zur *Drachendarstellung: Pangritz* Walter, Das Tier in der Bibel, München–Basel 1963, S. 112ff.: über den Drachen als Antigott und die Apokalyptischen Tiere (Satanische Trinität).

Zum Drachen, der Kain entzündete: *Schneemelcher* Wilhelm, Neutestamentliche Apokryphen in deutscher Übersetzung, Tübingen 1962, Bd. II, S. 321 (Hinweis Franz Dietheuer).

Fig. 14: Der **Teufel faßt einen Sünder am Ohr.** Lincoln, Kathedrale. Tympanon, um 1145. Aus Zarnecki George, Later romanesque sculpture, London 1953, Abb. 63.

Fig. 15: **Kampf gegen den Löwen**, St. Jakob, Regensburg, Nordfassade um 1180. Aus: Karlinger Hans, Romanische Steinplastik in Altbayern und Salzburg, Augsburg 1924, Abb. 37.

Der Kampf gegen den Löwen – nördliches unteres Feld. Zur *Vieldeutigkeit* des Löwen siehe: *Blankenburg* Wera von, Heilige und dämonische Tiere, Köln 1975, S. 200f. – Lexikon der christlichen Ikonographie, 3. Bd., Herder 1971, S. 111 ff (verschiedene Deutungen und Zitate). – *Pangritz* Walter, Das Tier in der Bibel, München–Basel 1963, S. 70f.: Die Jagd als Gleichnis: „Wie Nimrod, ein gewaltiger Jäger vor dem Herrn", Moses 10,9. – S. 112ff.: Das Tier als Satan. – Zu Schöngrabern: *Heider* Gustav, Die romanische Kirche zu Schöngrabern, Wien 1855, S. 158ff. (zur Symbolik des Löwen). – *Schade* Herbert, Dämonen und Monstren, Regensburg 1962, Abb. 15 und S. 147 mit folgendem Zitat in bezug auf David, I Sam 17, 34,35: „. . . kam nun ein Löwe oder Bär und nahm einen Widder aus der Herde, so lief ich ihnen nach und schlug sie und riß es aus ihrem Rachen; und wenn sie sich erhoben gegen mich, so faßte ich sie beim Kinne und erwürgte und tötete sie." Ebendort, S. 69ff., das Kapitel: Der Christ im Kampf mit Dämonen und Lastern.

Die *Hunde*, die den Löwenkämpfer unterstützen, sind hier als Sinnbilder der Treue anzusehen, wie auch die Kirchenväter den Hund als treuen Wächter der Herde bezeichnen. Zur negativen Deutung: Offenbarung 22, 15: nach Preisung der Seligen, die in die Stadt eingehen: „Draußen aber sind die Hunde und die Zauberer, die Unzüchtigen und die Mörder, die Götzendiener und ein jeder, der die Lüge liebt und sie begeht." – Lexikon der christlichen Ikonographie, 2. Bd., Herder 1970, S. 334f.

Zum *Löwenkampf:* Relief am rechten Kapitellfries des *Riesentores* von *St. Stephan: Feuchtmüller* Rupert, Der Wiener Stephansdom, Wien 1978, S. 59. – Ferner: *Windberg,* Tympanon des Nordportales: *Karlinger* Hans, Die romanische Steinplastik in Altbayern und Salzburg, Augsburg 1924, Abb. 157. *Schloß Tirol,* Portal zur Kapelle: *Schade* H., Dämonen und Monstren, Regensburg 1962, Abb. 18, S. 147 und: *Diethеuer* Franz, Die Rätsel der zwei romanischen Figurenportale auf Schloß Tirol, Der Schlern, Jg. 48 (1974), S. 49–63.

Anspielungen auf Ereignisse der Zeit. Es hat auch nicht an Versuchen gefehlt, in dieser Szene eine aktuelle politische Bedeutung zu sehen. So glaubt F. *Vermeulen* hier eine Anspielung auf Friedrich II. in seinem Kampf gegen die Mongolen zu erkennen, dem die beiden treu ergebenen „Hunde von Kuenring" beistehen. Ein Ring am Handgelenk des Jägers wird als „Hinweis auf den kühnen Ringer" angesehen. Diese Interpretation, die auf einer mißverstandenen Auslegung der um das Handgelenk geschlungenen Leine beruht, hat auf Friedrich II. keinen Bezug, kann aber eine Anspielung auf Hadmar II. von Kuenring enthalten. Der Begriff „Die Hunde (canes) von Kuenring" war der Zeit bekannt (K. Brunner).

Fig. 16: **Luxuria, vier weibliche Gestalten und der Teufel** über den Blendarkaden der Westfassade von Bordeaux, Sainte-Croix, 2. Drittel 12. Jh. aus: Rupprecht Bernhard, Romanische Skulptur in Frankreich, München 1975, Abb. 111.

Das nördliche obere Feld

Die Figurengruppe über dem Fenster – dies gilt auch für das östliche Feld – hat gewisse formale Entsprechungen an der Westküste Frankreichs, wo wir Fenster und Portale in dekorativer Weise von Figuren umrahmt finden. Siehe dazu den Band: Saintonge romane, Zodiaque, Bd. 33, 1970: *Fenioux, Corme-Royal, Pont-l'Abbé d'Arnault, Chadenac, Fontaine D'Ozillac, Varaize, Saint-Symphorien de Broue* Abb. 60–94, und *Le Douhet,* Abb. 129, wo Engel im Scheitel des Bogens ein Medaillon mit dem Lamm halten. Weitere Beispiele in *Petit Palais,* links und rechts des Mittelfensters: *Foncillon* Henri, L'Art des sculpteurs romans, Paris 1946, Abb. XV, XVI. – *Civaray,* Saint-Nicolas: *Aubert* Marcel, La sculpture française au moyen âge, 1946, S. 127ff. und *Dechamps* P., La sculpture française. Epoque romane, Paris 1947, Abb. 75; dort auch: *Argenton-Château,* Abb. 74a. – Zu den formalen Wurzeln im Bereich der Kapitelle: *Baltrušaitis* J., La stylistique ornamentale dans la sculpture romane, Paris 1931, S. 213. *Pavia* (S. 635), *Sauvigny* (S. 636, 638), *Neuvy-Saint-Sépulcré* (S. 637). – Siehe auch das Portal am Dom von *Freiburg: Weigert* H., Romanische Plastik in Europa, Innsbruck 1961, Abb. 167. – Nirgends findet sich – wie in Schöngrabern – diese Intensität der Aussage, die über die deko-

Fig. 17: **Teufel ziehen einen Sünder am Bart,** Kapitell in Saint-Pierre-de-la-Tour in Aulnay-de-Saintonge, nach 1130. Aus: Rupprecht Bernhard, Romanische Skulptur in Frankreich, München 1975, Abb. 80. – Hier ist eine negative Deutung offenkundig.

rative Anordnung weit hinausgeht. *Endres* (S. 317) hält die Haare, an denen sich die Menschen halten, als Zeichen des Überflüssigen und kommt so zu einer negativen Deutung, was hier nicht glaubhaft ist.

Der **Bärenkampf.** Zum Thema: *Endres* J. A., Die Skulpturen an der Kirche von Schöngrabern, Die christliche Kunst, 7. Jg., München 1910/11, S. 307ff., zitiert auch Eadmers Biographie des hl. Anselm (S. 312), wo die Bärenjäger Gottes mit guten Engeln verglichen werden. Wera von *Blankenburg* macht in ihrem Buch „Heilige und dämonische Tiere“, Köln 1975, auf S. 286 darauf aufmerksam, daß der Bär nicht nur als Sinnbild der körperlichen und

Fig. 18: **Bären und andere Höllentiere** unter dem Jüngsten Gericht, am Tympanon von Beaulien-sur-Dordogne, 12. Jh. Aus: Schade Herbert, Dämonen und Monstren, Regensburg 1962, Abb. 43.

sinnlichen Freuden, sondern auch als Teufel gelten kann. Sie zitiert Augustinus Sermo CXCVII, der sagt, daß Christus den Löwen und Bären erdrosselt, wenn er in die Hölle hinabsteigt und die gefangenen Seelen aus ihren Rachen befreit. Siehe auch: Lexikon der christlichen Ikonographie, Bd. 1, Herder 1968, S. 242f.
Vergleiche: Bärenkampf im Fassadenfries von *Andlau,* in: *Rumpler* H., Sculptures romanes en Alsace, Straßburg 1960, Abb. 78.

Zur **Symbolik der gekreuzten Arme:** *Strehle* Hermann, Mienen, Gesten und Gebärden, Basel 1954, S. 129. Der Gestus ist einwärts gerichtet, die Hände fesseln sich, es ist ein Zurückhalten und Isolieren.

Zur **Symbolik der Luxuria** (Frau Welt) siehe *Endres* J. A., Die Skulpturen an der Kirche von Schöngrabern, Die christliche Kunst, 7. Jg., München 1910/11, S. 312. – *Pamer* J., Einiges über die Symbolsprache . . ., Die christliche Kunst, 21. Jg.,

Fig. 19: **Ein Sünder (Judas?) wird erhängt;** Teufel ziehen an der Schlinge, Kapitell aus Autun, Saint Lazare, ehemals südliches Seitenschiff, 1130–1145. Aus: Rupprecht Bernhard, Romanische Skulptur in Frankreich, München 1975, Abb. 118.

München 1924/25, S. 169, denkt bei der Verführungsszene auch an Joseph und Potiphar, eine Meinung, der sich auch Franz *Dietheuer* in seinem Manuskript anschließt. Die Darstellung der Schleppe vergleiche man mit *Bardone,* Nordportal, Maria mit Kind: *Julian* R., Les sculpteurs romans de l'Italie, Paris 1952, Tafel XXXIII, Abb. 4. Zum Thema denke man an die Stelle bei Isaias 3, 23 über den Putz genußsüchtiger Weiber. *Vermeulen* Franz zitiert dazu die Dichtung der späten Babenbergerzeit und bringt als Beispiel „Frau Ehre" des Ulrich von Lichtenstein. – In der Darstellung der vornehm gekleideten Frau mit Spiegel und Bäumchen sind mehrere Sinnbilder angesprochen: Venus, Frau Welt, Luxuria und Vanitas.

Fratzenkopf mit Schnecken – vergleiche die Kapitelle der Abteikirche *La Sauve-Majeure: Kingsley* Porter, Romanesque Sculpture of the pilgrimage roads, Boston 1923, Bd. 4, S. 333–335.

Symbolik des Hasen – Trauben fressende Hasen sind bereits ein Motiv der heidnischen Antike. Im frühen Christentum sind sie Sinnbild der Taufe. Weiteres in: Lexikon der christlichen Ikonographie, 2. Bd., Herder 1970, S. 222f.

Das östliche obere Feld

Der **Teufel stürzt Menschen in die Todesschlingen** – Die Teufelsfratze vergleiche man mit der beim Sündenfall und mit jener im nördlichen oberen Feld ganz außen. – Zum Teufel als Tod siehe: Hebräerbrief 2, 14; das Zitat auf S. 50 Haupttext. Zum Motiv Schlinge um den Hals, Relief am *Riesentor von St. Stephan: Feuchtmüller* R., Der Wiener Stephansdom, Wien 1978, S. 64 oben. – Ferner das Kapitell in *Mozac,* in: *Aubert* Marcel, La sculpture française au moyen âge, 1946, Abb. 113. – Siehe die Darstellung von *Autun* (Fig. 19).

Fig. 20: **Samson besiegt den Löwen,** Kapitell im Chor von Thiviers, E. 11. Jh. Aus: Perigord roman, Zodiaque 1968, Bd. 27, Abb. 114.

Samson besiegt den Löwen – Allgemein: *Ehrenstein* Theodor, Das Alte Testament im Bilde, Wien 1923, Tafel XXId.
Vergleiche in Österreich *Klosterneuburg* und *Riesentor St. Stephan: Röhrig* F., Der Verduner Altar, Wien 1955, Abb. 37, und *Feuchtmüller* R., Der Wiener Stephansdom, Wien 1978, S. 67 unten.
Vergleiche in der französischen Kunst: Kapitell in *Vienne, Dechamps* P., Die romanische Plastik Frankreichs, Berlin 1930, Tafel 49. – *Saint-Aubin,* Anjou roman, Zodiaque, Bd. 9, 1959, S. 152, Abb. 5. – Kapitell in *Ydes, Debidour* V. H., Le Bestiaire sculpte du moyen âge en France, 1961, Abb. 397. – Kapitell in *Anzy-le-Duc, Richter* G., Romanisches Burgund, Stuttgart 1962, Abb. 27. – Kapitell in *Moissac,* Quercy roman, Zodiaque, Bd. 10, 1959, Abb. 36. – Kapitell in *La Sauve-majeur* und *Vienne,* Saint-André-le-Bas bei *Kingsley* Porter, Roman sculpture of the pilgrimage roads, Boston 1923, Bd. 4, Abb. 335, und Bd. 8, Abb. 1219. – Ferner *Orcival, San Cugat del Valles, Madrid,* Museum, in: *Baltrušaitis* J., La stylistique ornamentale . . ., Paris 1931, S. 228, Fig. 295–297.
Die Haare der *Kopfkonsole* sind als Zeichen der Stärke zu deuten. Negroide Haare oder Judenbärte sind unwahrscheinlich.

Der **Wolf und der Kranich.** Zur Deutung: *Blankenburg* Wera von, Heilige und dämonische Tiere, Köln 1975, S. 259ff. – *Heider* G., Die romanische Kirche zu Schöngrabern, Wien 1855, S. 199ff., über Tierfabel und Tierepos in der christlichen Kunst. Siehe ferner die Publikation des Göttweiger Physiologus durch *Heider* G. in „Archiv für Österreichische Geschichtsquellen", 5. Bd., Wien 1850, S. 541–551. Die Fresken im *Passauerhof Krems,* siehe Österreichische Kunsttopographie, Wien 1907, Bd. I, Fig. 144.

Fig. 21: **Wolf und Kranich,** im Kreuzgang von St. Zeno, Reichenhall um 1200. Aus: Karlinger Hans, Romanische Steinplastik in Altbayern und Salzburg, Augsburg 1924, Abb. 47.

Vergleiche: Reichenhall, St. Zeno, *Karlinger* H., Romanische Steinplastik in Altbayern und Salzburg, Augsburg 1924,

Abb. 47. – *Bourges* St. Ursin, *Grézac, Aoste, Saint-Ours, Debidour* V. H., Le Bestiaire sculpté du moyen âge en France, 1961, Abb. 373–375. – Kapitell in *Autun, Mâle,* Emilie L'Art religieux, du XII siecle en France, Paris 1924, Abb. 338 (Storch und Wolf). – Bei keinem der Beispiele beißt der Wolf zu.

Der **Gaukler** wird von F. *Dietheuer* (in seinem Manuskript) als Verdammter bezeichnet, doch ist die Figur nirgends gefesselt. Der Faltenrock deutet vermutlich auf einen Joculator. Die Haltung wird tatsächlich von Spielleuten eingenommen. Siehe bei: *Karlinger* Hans, Romanische Steinplastik in Altbayern und Salzburg, Augsburg 1924, *Regensburg,* Sankt Jakob, Abb. 16, 17, *Moosburg,* Westportal, Abb. 44, 45. – Die schmalen (geschlitzten) Augen könnten auch auf einen Falben verweisen (Hinweis von H. *Birkhan*), auf einen Fremden aus dem Osten.

Das südliche obere Feld

Die **Offenbarung Christi,** auch Majestas-domini-Darstellung genannt, setzt *Endres* J. A., Christliche Kunst, Jg. 7, München 1910/11, S. 315f., mit einer Symbolisierung des Alten und Neuen Testamentes unter der Patronanz Christi (Kopfkonsole) und nicht Gottvaters (Trinitätsdarstellung) in Beziehung. *Vergleiche* zur Madonnendarstellung: Tympanon von *St. Paul* in Kärnten: *Novotny* F., Romanische Bauplastik in Österreich, Wien 1930, Abb. 69, und *Bogenberg, Karlinger* Hans, Romanische Steinplastik in Altbayern und Salzburg, Augsburg 1924, Abb. 168. – Madonna mit Apfel: Dom in *Trient: Passamani* Bruno, La sculptura romanica del Trentino, Trento 1963, Fig. 18. – Die Beziehung von Mutter und Kind zeigt in Schöngrabern ein engeres Verhältnis.

F. *Vermeulen* hält die Madonna für eine, die zur Anbetung der Heiligen Drei Könige gehört. Die sechs Krüge sind für ihn Sinnbild der Sakramente, deren Zahl im Mittelalter noch nicht auf sieben festgelegt war. – Zur Deutung „Mater Ecclesia" und „Bräutigam–Braut" (Christus–Maria): *Schiller* Gertrud, Ikonographie der christlichen Kunst, Bd. 4, 1, Gütersloh 1976, S. 84ff., S. 94ff.

Verdammnis und Hölle, *Deutung* (aus zeitgenössischen Predigten) bei *Endres* J. A., Christliche Kunst, Jg. 7, München 1910/11, S. 314f. – Dort Beispiele, die sich mit dem Schleppetragen und dem Teufel auf der Schleppe befassen. Es ist denkbar, daß hier das Laster der Hoffart symbolisiert ist. – Zur Schleppe selber siehe: Luxuria und Madonna im Tympanon von Bardone.

Höllendarstellung in Lincoln: Zarnecki G., Later english romanesque sculpture,

Fig. 22: **St. Michael, der Teufel und die Seelenwaage** im Tympanon von Autun, Gislebertus um 1120. Aus: Tetzlaft Ingeborg, Romanische Portale in Frankreich, Köln 1977, Abb. 90.

Fig. 23: **Dämonische Tiere, Teufel und Seelenwägung** im Kapitellfries von Saint-Eutrope in Saintes, 2. Drittel 12. Jh. Aus: Rupprecht Bernhard, Romanische Skulptur in Frankreich, München 1975, Abb. 87

London 1953, Abb. 63. In der Darstellung des Gerichtes packt ein Teufel einen Sünder beim Ohr, Fig. 14 (wie bei Kain und Abel in Schöngrabern).
Der Teufel sticht mit einer Gabel in den siedenden Kessel. Es handelt sich um keine Röstpfanne, wie *Dietheuer* meint.

Tod, Gericht und Himmelfahrt. – Zum Teufel, der mit einem Stäbchen die Waagschale niederhält, siehe: Kapitell von Saint-Europe in *Saintes, Baltrušaitis* J., La stylistique ornamentale dans la sculpture romane, Paris 1931, Fig. 681. – *Autun,* Westportal, in: *Tetzlaff* Ingeborg, Romanische Portale in Frankreich, Köln 1977, Abb. 89, 90 (die Teufel sind mit Striemen gezeichnet). – Kapitell in *Gradefes,* L'Art cistercien, Zodiaque, Bd. 34, 1971, Abb. 67 und Fig. 23, oben.

Adlerkapitell. Vergleiche zu diesem häufig auftretenden Motiv. Frankreich: *Conques* (Saint-Foy), *Aubert* Marcel, La sculpture Française au moyen âge, 1946, Abb. 122. – *Saulieu* in: *Aubert* Marcel, La Bourgogne, 1930, Bd. II, Abb. 86. – *Saint-Pons* – de Thomières in Languedoc roman, Zodiaque, Bd. 43, 1975, Abb. 108. – *Kaiserberg* (Westportal), *Rumpler* M., Sculptures romanes en Alsace, Straßburg 1960, Abb. 38. – *Toulouse,* Saint-Sernin, Empore; *Le Thor* N. D. Vorhalle; beide in: *Aubert* Marcel, L'art français a l'epoque romane – Languedoc et provence, Paris 1950, Abb. 3 a, 40.
Italien: *Trento,* S. Lorenzo, *Anaunia,* S. Romedio, *Passamani* B., La scultura romanica del Trentino, Trento 1963, Fig. 3 und 59. – *Mailand,* S. Ambrogio: *Crichton* G. H., Romanesque sculpture in Italy, London 1954, Abb. 26. – *Pisa,* Dom, Kapitell: *Biehl* W., Toskanische Plastik des frühen und hohen Mittelalters, Leipzig 1926, Abb. 36b. – *Pistoia,* Kreuzgang des Domes, in: *Salmi* Mario, La scultura romanica in Toscana, Florenz 1928, Tafel XLI, Abb. 136.

Fig. 24: **Adlerkapitell** in der Burgkapelle von Nürnberg, vor 1200. Aus: Weigert Hans, Baukunst der Romanik in Europa, Frankfurt 1959, Abb. 124.

In Deutschland finden sich gleichfalls viele Beispiele, so: *Regensburg,* St. Jakob (Langhaus), *Nürnberg,* Burgkapelle, *Magdeburg,* Dom (abwärts fliegende Adler) Glatter und gefiederter Adler am *Riesentor St. Stephan, Feuchtmüller* R., Der Wiener Stephansdom, Wien 1978, Abb. 58. – *Wiebel,* München 1940, S. 50, verweist auf *Gernrode.* Der glatte rechte Adler trägt einen Nymbus, der rauhe linke nicht.

Das **Kapitell mit dem emporfliegenden Menschen,** der sicher kein Gaukler oder Verdammter ist, wie Franz *Dietheuer* meint, wird in seiner Bedeutung durch den Vogel bestimmt. Siehe *Pangritz* Walter, Das Tier in der Bibel, München–Basel 1963, S. 31f.: der „bergende Vogelflügel" und „um unter seinen Flügeln Schutz zu suchen" (Ruth 2, 12); Zitate aus Psalmen.

Widder. Als Sühneopfer: *Troescher* Georg, Zeitschrift für Kunstgeschichte, Bd. 21 (1958), S. 153f.

Katz und Maus. Siehe das Fresko in Pürgg – *Feuchtmüller* R., Kunst in Österreich I, Wien 1972, S. 46 – auch hier in Verbindung mit einer Gerichtsszene.

Deutung und Bedeutung

Lexikon der christlichen Ikonographie, Herder, Freiburg ab 1968. – *Sachs/Badstübner/Neumann,* Christliche Ikonographie in Stichworten, München 1975. – *Molsdorf* Wilhelm, Christliche Symbolik der mittelalterlichen Kunst, Graz 1968. – *Forstner* Dorothea, Die Welt der Symbole, 1961. – *Luker* Manfred, Wörterbuch der biblischen Bilder und Symbole, München 1973. – *Bernheim* Richard, Romanische Tierplastik, München 1931. – *Gantner* Josef, Romanische Plastik, Inhalt und Form in der Kunst des 11. und 12. Jahrhunderts, Wien 1948. – *Blankenberg* Wera von, Heilige und dämonische Tiere, Köln 1975 (Zitat des Bernhard von Clairvaux, S. 69). – *Schade* Herbert, Dämonen und Monstren, Regensburg 1962. – *Mode* Heinz, Fabeltiere und Dämonen in der Kunst, Stuttgart 1973. – *Pangritz* Walter, Das Tier in der Bibel, München 1963. – Bestiaire romane, Zodiaque, 1977. – *Möbius F. u. H.* – *Beyer* K. G., Bauornament im Mittelalter, Symbol und Bedeutung, Wien 1978. – *Schönbach* Anton E., Altdeutsche Predigten, Graz 1888. – *Troescher* Georg, Keltisch-germanische Götterbilder an romanischen Kirchen – Ein bayrisches Kirchenportal und sein Bilderkreis. – Die Bildwerke am Ostchor des Wormser Doms, publiziert in: Zeitschrift für Kunstgeschichte, 16. Bd. (1953), S. 1 ff. – 17. Bd. (1954), S. 1 ff. 21. Bd. (1958), S. 123 ff. –

Jungmann J. – *Sauser* E., Symbolik der katholischen Kirche, Stuttgart 1960. – Die Möglichkeit ornamentaler Grundlagen untersuchte: *Baltrušaitis* Jurgis, La stylistique ornamentale dans la sculpture romane, Paris 1931. – Zur geistigen Bedeutung: *Dempf* Alois, Die unsichtbare Bildwelt, eine Geistesgeschichte der Kunst, Zürich (Köln) 1959.

Im allgemeinen sind bei der Interpretation romanischer Bildzyklen folgende Gesichtspunkte zu beachten:

1. a) Die historische Abfolge
   b) Thematische Korrespondenz und Opposition
   c) Typologische Querbezüge
2. Heilsgeschichtliche allegorische Bezüge
3. Symbolwerte
4. Bezug zur politischen, historischen Aktualität

Alle diese Betrachtungsweisen sind in gegenseitigen Bezug zu setzen, um schließlich ein einheitliches Bild zu erhalten.

Im Schnittpunkt der Einflüsse

Vergleiche mit anderen Apsiden, die figuralen Schmuck besitzen:

Frankreich: Dax (Kastenreliefs), *Selles-sur-Cher* (umlaufender Fries), *Kingsley* Porter, Roman sculpture of the pilgrimage roads, Boston 1923, Bd. 4, Abb. 327–332, Bd. 7, Abb. 1074–1082. – *Murbach.* (rechteckig), *Rumpler* M., Sculptures romanes en Alsace, Straßburg 1960. Abb. 13, 17. – *Rosheim,* Rechteckapsis mit den Symbolen der vier Evangelisten um das Ostfenster: *Rumpler* M., Sculptures romanes en Alsace, Straßburg 1960, Abb. 81.

Italien zeigt den reichsten Schmuck in der Umrahmung der Westportale, an Fassaden, selten an Apsiden. *S. Zeno* in Verona, *Pavia, Padua, Parma* (siehe Fig. 26, S. 186) und *Trani* geben Beispiele. Die Bilder sind oft in Reliefstreifen zusammengefaßt. – Gezierte Fenster an Apsiden: *Como,* Sant' Abondio, *Bominaco,* San Pellegrino in den Abruzzen, in: *Decker* Heinrich, Italia romanica, Wien 1958, Abb. 7, 209.

Deutschland: Die wichtigsten Beispiele bei *Blankenburg* Wera von, Heilige und dämonische Tiere, Köln 1975. *Goslar* auf d. Frankberg, Kopfkonsolen (Abb. 1), *St. Johann,* Elsaß, Kopfkonsolen (Abb. 2), *Sigolsheim,* Kopfkonsolen (Abb. 3), *Worms,* Kopfkonsolen (Abb. 4), *Schwertloch* b. Tübingen, Tiere im Rundbogenfries Abb. 5, 6, 7); *Brenz,* Masken, Tiere, Monstren im Rundbogenfries, Kopfkonsolen (Abb. 20–26), *Königslutter,* Jagdfries, Tierkämpfe im Rundbogenfries, Kopf-, Tier- und Adlerkonsolen (Abb. 27–32). – *Murrhardt,* Waldreichskapelle, ornamentaler Zierat und Tiere, in: *Möbius* F. u. H., Bauornament im Mittelalter, Wien 1978, Abb. 47. – *Reichenhall,* Pfarrkirche (Figuren und Tiere im Rundbogenfries), in: *Karlinger* Hans, Romanische Steinplastik in Altbayern und Salzburg, Augsburg 1924, Abb. 117.

Von besonderer Bedeutung sind die Vergleiche mit *St. Jakob in Regensburg.* Durch die Quadernbearbeitung, an denen sich ähnliche Steinmetzzeichen wie in Schöngrabern finden (z. B. A, I). Auch hier überragen figurale Teile den Block. Die Interpretation von: *Strobl* R., Das Nordportal der Schottenkirche, Zeitschrift des D. Ver. f. Kunstwissenschaft, Berlin 1964, Bd. 18, S. 1–24, hat ähnliche Gesichtspunkte, die auch in Schöngrabern zu beobachten sind, herausgearbeitet. Dazu gehören: die Steigerung vom Ornamentalen über das Pflanzliche zum Zoomorphen und Antropomorphen. Das Verhältnis von oben (Gutes) und unten (Böses), von links und

Fig. 25: **Nordportal von St. Jakob in Regensburg,** um 1180. Aus: Karlinger Hans, Romanische Steinplasik in Altbayern und Salzburg, Augsburg 1924, Abb. 12.

rechts. Der östlichen Portalwand (dem Altar zugekehrt) ist das Gute vorbehalten, der westlichen das Böse. Außerdem finden sich dialektische Verkehrungen unter den geistigen Zentren (Maria und Antichrist). Unter dem Guten das Böse und umgekehrt. Auch für St. Jakob wird ein Antichristspiel (hier aus Tegernsee) als geistige Parallele aufgezeigt und das Grundthema: adventus Christi, die Erwartung der letzten Dinge. Siehe dazu auch die 8. Auflage (1975) des Kurzführers Schnell & Steiner, München. Die jüngsten Untersuchungen brachten den Nachweis, daß das Schottenportal bunt gefaßt war. – Anders die ins Detail gehende Interpretation von Franz Dietheuer, der ich in allen Einzelheiten nicht folgen kann. Siehe: *Dietheuer* Franz, St. Jakob in Regensburg, Schnell & Steiner, München 1969 (beigelegtes Schema). – Derselbe: Die Bestiensäule in der Freisinger Domkrypta. Oberbayrisches Archiv, Bd. 100, München 1977, S. 339–380 (Theologie, Ikonographie, Zeitgeschichte). – Vergleiche zur Säulchengalerie am Wiener Riesentor: *Feuchtmüller* R., Der Wiener Stephansdom, Wien 1978, S. 46. Plastische Akzente an Apsiden in Österreich: *Gurk,* in: *Hartwagner* Siegfried, Der Dom zu Gurk, Klagenfurt 1963, Abb. 16 (Löwe schlägt einen Greifen), *Sollenau,* NÖ, Pfarrkirche (Kirchenpatron, Relief des Laurentius), und *Kühnring,* NÖ, Pfarrkirche (Halbfigur über dem Dach).

Fig. 26: **Vier gegliederte und mit Skulpturen geschmückte Apsiden.** – Ein Vergleich

1. **Italien,** Parma, Kathedrale. Arkadengalerie, gezierte Bogen, Kapitelle, Reliefs im Rundbogenfries. 2. Drittel 12. Jh. Aus: Jullian Rene, L'Eveil de la sculpture italienne, Paris 1949, Tafel 35/2.

2. **Rußland,** Demetrius Kathedrale. Hängesäulchen mit figuralen Konsolen, um 1195. Aus Halle, Fannina W. Die Bauplastik von Wladimir-Ssusdal, Berlin 1929, Abb. 69.

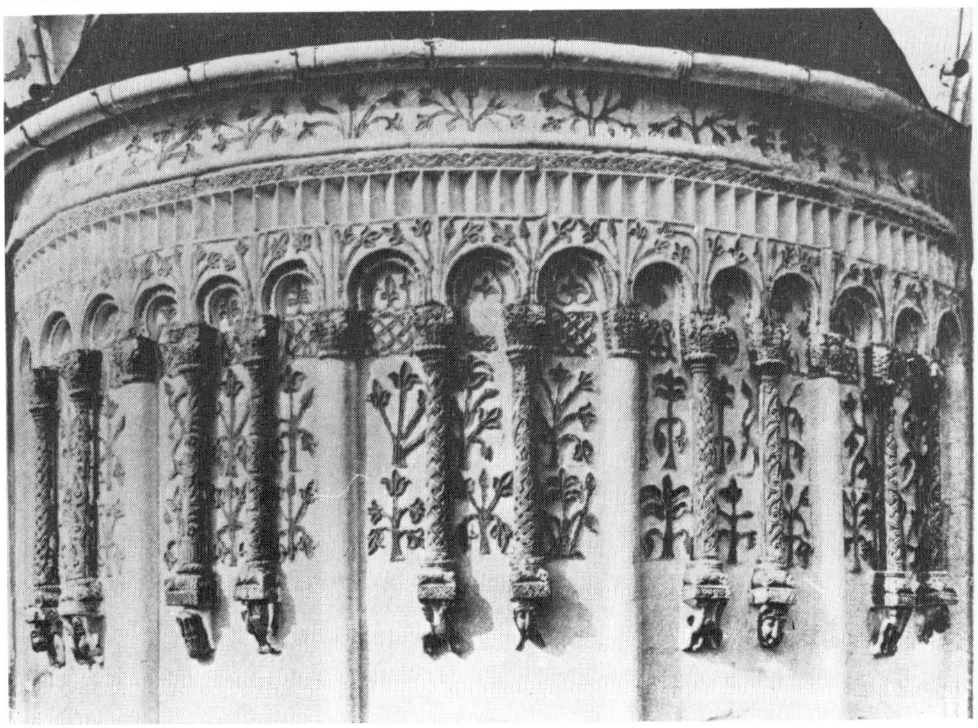

3. **Frankreich,** Selles-sur-Cher, Abteilkirche, Friesband unter und über den Fenstern der Apsis (Altes und Neues Testament, Heiligenlegenden), figurale Kapitelle; um 1145 (?). Aus: Focillon Henri, L'art des Sculptures Romans, Paris 1964, S. 80, Tafel XIII.

4. **Österreich,** Schöngrabern, vor 1217. Im Vergleich zur Apsis der Demetrius-Kathedrale in Wladimir Ssusdal wäre zu bemerken, daß die Apsis der russischen Kirche turmartig aufragt und die Konsolsäulchen nur der obersten Zone, dem Rundbogenfries zugehören.

Ungarn, Tschechoslowakei, Rußland und der Osten: *Kuttenberg*, St. Jakob, *St. Ják, Wladimir*, in: *Novotny* F., Romanische Bauplastik in Österreich, Wien 1930, Abb. 26, 27, 18. – *Halle*, Fanina W., Die Bauplastik von *Wladimir Ssusdal*, Berlin 1929: *Prokowkirche* (Abb. 7), *Demetriuskathedrale* (Abb. 10–26), *Ssusdal* (Abb. 30), *Jurjew-Polskij* (Abb. 31ff.). – Abb. 69: ein Vergleich Schöngrabern – Demetriuskathedrale; siehe die Reproduktion im Buch, Fig. 26. – *Strzygowski* J., Die Baukunst der Armenier in Europa, Wien 1918, II. Bd., S. 567 (Bogenbänder in Mesopotamien), S. 721f. (Jurjew-Polskij, Achthamar,) S. 856f. (Demetriuskirche, Wladimir).

Das Zeitliche und das Zeitlose im Kunstwerk

Die wichtigste Literatur:

Eissl Matthias: „Neuentdecktes altertümliches Denkmal in Österreich, wahrscheinlich aus den Zeiten der Nibelungen", in: Erneuerte vaterländische Blätter für den österreichischen Kaiserstaat, Jahrgang 1816, Nr. 95, S. 557. Eissl ist die erste Beschreibung des Kunstdenkmals zu danken. Die Kirche war innen übertüncht, die Apsis jedoch nicht.

Hammer-Purgstall Joseph, Freiherr von: „Mysterium Baphometis revelatum, seu fratres militiae templi qua Gnostici et quidem ophiani apostasiae, idoloduliae et impuritatis convicti per ipsa eorum monumenta" in: „Fundgruben des Orients", Wien 1818, Bd. VI, S. 25 ff., III. Versuch einer Beweisführung, daß Schöngrabern ein Templermonument sei; bildliche Darstellungen und Vergleichsmaterial ergänzen den Aufsatz. Auf S. 454 ff. findet sich eine Entgegnung Hammer-Purgstalls auf kritische Einwände. – Tafel III in diesem Werk bringt Stiche nach Peter Fendi. Siehe dazu Feuchtmüller R., Die steinerne Bibel, Linz 1962, S. 51, wo ein solcher Kupferstich abgebildet ist.

Eissl Matthias: „Das Templermonument zu Schöngrabern in Österreich", in: F. Sartori: „Österreichs Tibur", 1819, S. 276–312. Erster Versuch einer näheren Untersuchung und Deutung (beeinflußt von Hammer-Purgstall).

Schmidl Alois: „Wiens Umgebung auf 20 Stunden im Umkreise" – Wien 1838, Bd. II, S. 253–263. Beschreibung, die sich auf Hammer-Purgstall stützt.

Schweickhardt Ritter von Sickingen, Franz J.: „Darstellung des Erzherzogthums Österreich unter der Enns." Viertel U.M.B., Wien 1833–1837, Bd. VI, S. 82–91. Hinweis auf die Templer. Schweikhardt hält jedoch die Malteser Ritter für die Stifter. Das Kirchenschiff wir als ein Bau des 17. Jh. angesehen.

Heider Gustav: „Die romanische Kirche zu Schöngrabern in Niederösterreich", Wien 1855. Erste umfassende wissenschaftliche Untersuchung. Vollständige bildliche Dokumentation. Auswertung der historischen Quellen von J. Feil.

Ebner Laurenz gibt einen Restaurierungsbericht in: „Österreichische Illustrierte Zeitung", 20. Jg., Wien 1910, S. 152. Bei den Restaurierungen des Jahres 1907 wurde von den Skulpturen der Mörtelüberzug entfernt. Die damals vorgenommenen Ergänzungen an den Skulpturen hat Novotny festgehalten. Es sind dies die Nasen an der Figur des thronenden Gottes und Abels, der linke Fuß Abels, der

Schwanz des rechten Hundes in der Löwenkampfgruppe, der linke Fuß des vom Bären ergriffenen Mannes und das linke Hinterbein des Hundes – zum Zustand im Jahre 1819 siehe Abb. S. 72.

Endres J. A.: „Die Skulpturen an der Kirche von Schöngrabern", in: „Die Christliche Kunst", Monatsschrift, 7. Jg., München 1910/11, S. 307–319. – Ikonographische Untersuchung mit den ersten photographischen Aufnahmen. Deutungsversuch des neu entdeckten Monatsreliefs.

Donin R. K.: „Schöngraberns romanische Kirche", Hollabrunn 1913. Erste kunsthistorische Untersuchung der Kirche und der Skulpturen. Hinweis auf die Verwandtschaft zu St. Jakob in Regensburg und auf oberitalienische Einflüsse.

Pamer Iganz: „Einiges über die romanische Symbolsprache und die Bilderfriese von Schöngrabern in Niederösterreich und St. Stephan in Wien", in: „Die Christliche Kunst", Monatsschrift, 21. Jg., München 1924/25, S. 165–178.

Novotny Fritz: „Romanische Bauplastik in Österreich", Wien 1930. An Hand zahlreicher Vergleichsbeispiele aus Frankreich, Italien und Osteuropa werden verschiedene kunsthistorische Einflüsse dargestellt.

Novotny Fritz: „Neue Entdeckungen in der Kirche von Schöngrabern", in: „Kirchenkunst", 9. Jg., Heft 4, Baden 1937, S. 92ff. Nr. 3. Bericht über die Restaurierungen des Jahres 1937 im Inneren der Kirche.

Wiebel Richard: „Der Bildinhalt der romanischen Bauplastik in Schöngrabern", in: „Die geistige Botschaft der romanischen Bauplastik". Schnell & Steiner, München 1940, S. 44–59.

Reau L.: „Les sculptures romanes de l'abside de Schöngrabern en Autriche", in: „Mélanges en hommage a la mémoire de Fr. Martroye", Paris 1940. Hrsg. von der Société Nationale des Antiquaires de France, S. 275–288.

Donin R. K.: „Schöngraberns Stellung in der romanischen Architektur und Plastik", in: „Zur Kunstgeschichte Österreichs", Wien 1951, S. 13–21. Neubearbeitung des älteren Aufsatzes und Anmerkungen zu neueren Forschungen Novotny, Latzke, Kieslinger.

Köstler Karl: „Die romanische Kirche von Schöngrabern", Berglandverlag, Wien 1957 – Österreich-Reihe, Bd. 29. Zuvor Artikel im Heimatbuch Hollabrunn 1951.

Novotny Fritz: „Neue Funde in Schöngrabern", in: „Österr. Zeitschrift für Kunst und Denkmalpflege", 14. Jg., Wien 1960, S. 139f.

Feuchtmüller Rupert: „Die steinerne Bibel. Die romanische Kirche von Schöngrabern." Wien, Linz, München 1962.

Novotny Fritz: „Die Kirche von Schöngrabern und ihre Bauplastik", in: „Romanische Kunst in Österreich", Katalog Krems 1964, S. 156–161.

Vermeulen Franz: „Das Raadsel von Schöngrabern." Übersetzung im Archiv des Diözesanmuseums Wien.

Dietheuer Franz: „Theologische Interpretation der Skulpturen von Schöngrabern." Dokumentation im Archiv des Autors.

Am Ende des Buches möchte ich einigen Persönlichkeiten, mit denen ich in seltener Einmütigkeit für Schöngrabern arbeiten konnte, aufrichtig danken. An erster Stelle will ich hier Herrn Altbürgermeister Franz Wolf nennen, der mir, mit den Herren seiner Gemeinde, seit vielen Jahren stets tatkräftig und hilfreich zur Seite stand. Besonders herzlich fühle ich mich auch dem hochwürdigen Herrn Pfarrer GR Theo Hendriks verbunden, mit dem ich die letzten Vorhaben der Restaurierung und die Errichtung des Dokumentationszentrums durchführen konnte. Er hat der romanischen Kirche neues Leben gegeben.

Aufrichtiger Dank gebührt schließlich dem Herold Verlag und Herrn Generaldirektor J. K. Niedermaier, Herrn Magister Friedrich Müller und Herrn Rudolf Steiger und allen jenen, die diesem Buch seine sorgfältige Ausstattung gegeben haben. Zuletzt sei noch die Raiffeisenkulturförderung dankend genannt, denn sie gewährte diesem Vorhaben ihre besondere Hilfe.

Es freut mich, daß mein Buch nach so vielen Jahren eine neue Bearbeitung erfahren konnte.

Die Skulpturen an der Apsis, Schema mit Legende

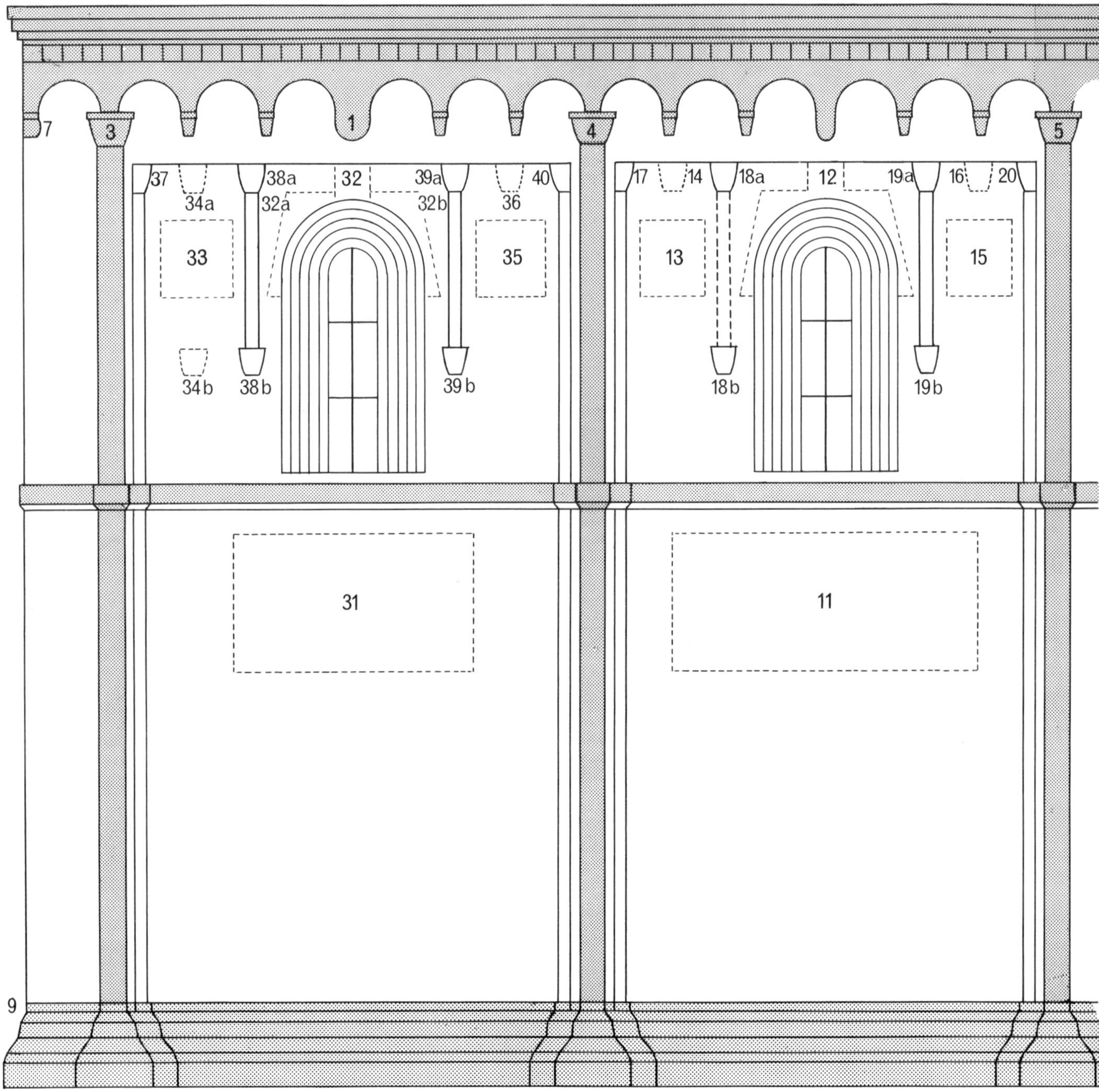

1
3
4
5
7
37
38a
32
39a
40
17
14
18a
12
19a
16
20
34a
32a
32b
36
33
35
13
15
34b
38b
39b
18b
19b
31
11
9

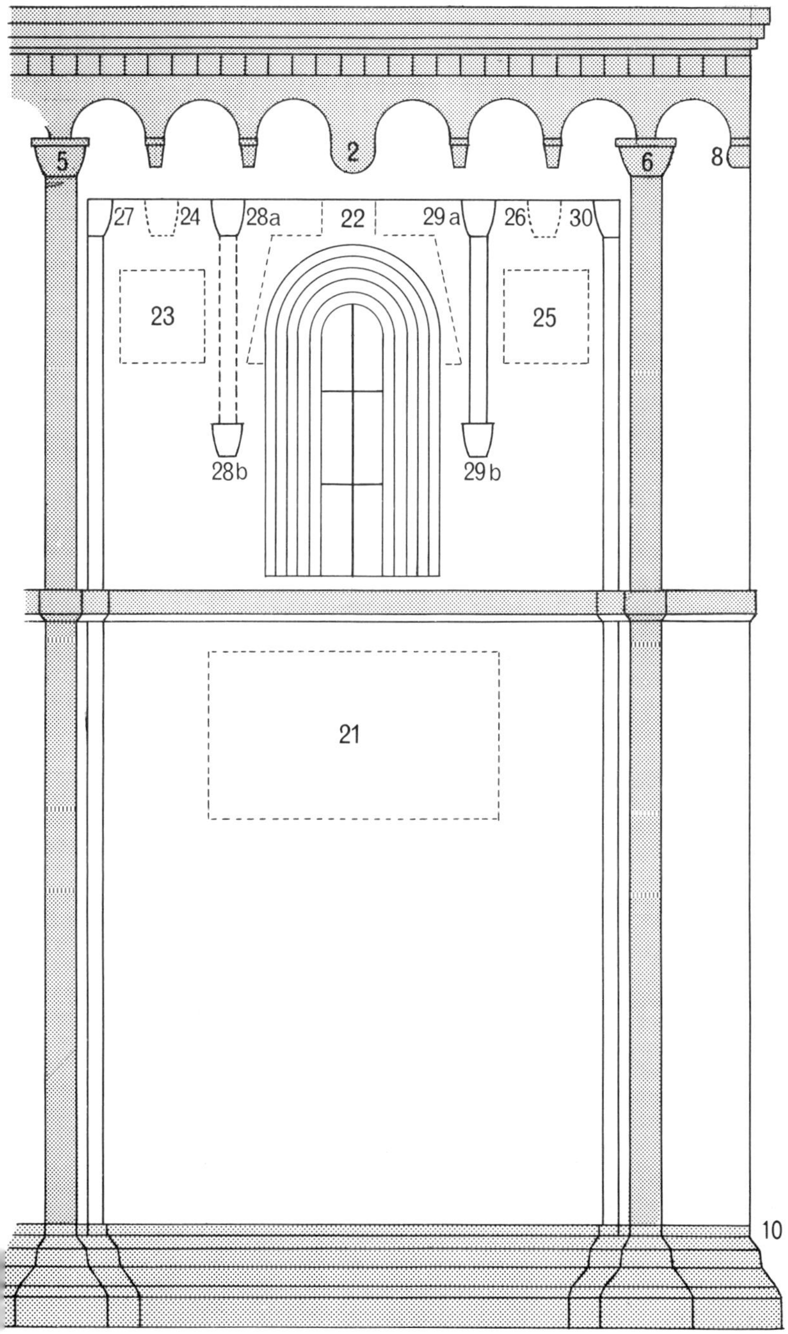

Die Skulpturen an der Apsis

1 Rosette
2 Drei Blätter
3 Köpfe mit verflochtenen Haaren
4 Köpfe vor Ranken
5 Köpfe mit Bärten
6 Köpfe im Joch
7 Kopf mit Schlangen
8 Teufelsmaske
9, 10 Ruhende Tiere
11 Abel und Kain opfern Gott
12 Nonne und Mönch in den Schlingen des Teufels
13 Wolf und Kranich
14 Gaukler
15 Samson besiegt den Löwen
16 Bärtiger Kopf
17 Kopf vor Blättern
18a Blätter
18b Zwei ausgestreckte Hände
19a Zwei Gerichtsadler mit Stern
19b Kopf mit geflochtenem Bart
20 Ranken und Palmblätter
21 Löwenkämpfer
22 Menschen hängen am Guten
23 Versuchung des Mannes
24 Teufelswidder
25 Bärenkämpfer
26 Widder
27 Ranken und Palmblätter, Tiermedaillons am Säulenschaft
28a Menschen beim Weinstock
28b fehlt
29a Weinstock
29b Kopf mit geflochtenem Bart
30 Hasen am Weinstock, Maske und Dämon am Säulenschaft
31 Adam und Eva – Sündenfall
32a Heiliger Geist, Krüge von Kana
32b Maria mit Kind
33 Jüngstes Gericht
34a Geretteter Mensch
34b Opferwidder
35 Verdammnis und Hölle
36 Gefiederter und glatter Adler
37 Tiere am Weinstock
38a Blätter
38b Teufelsmaske
39a Weinstock
39b Katze mit Maus
40 Kopf vor Blättern

Figur 27

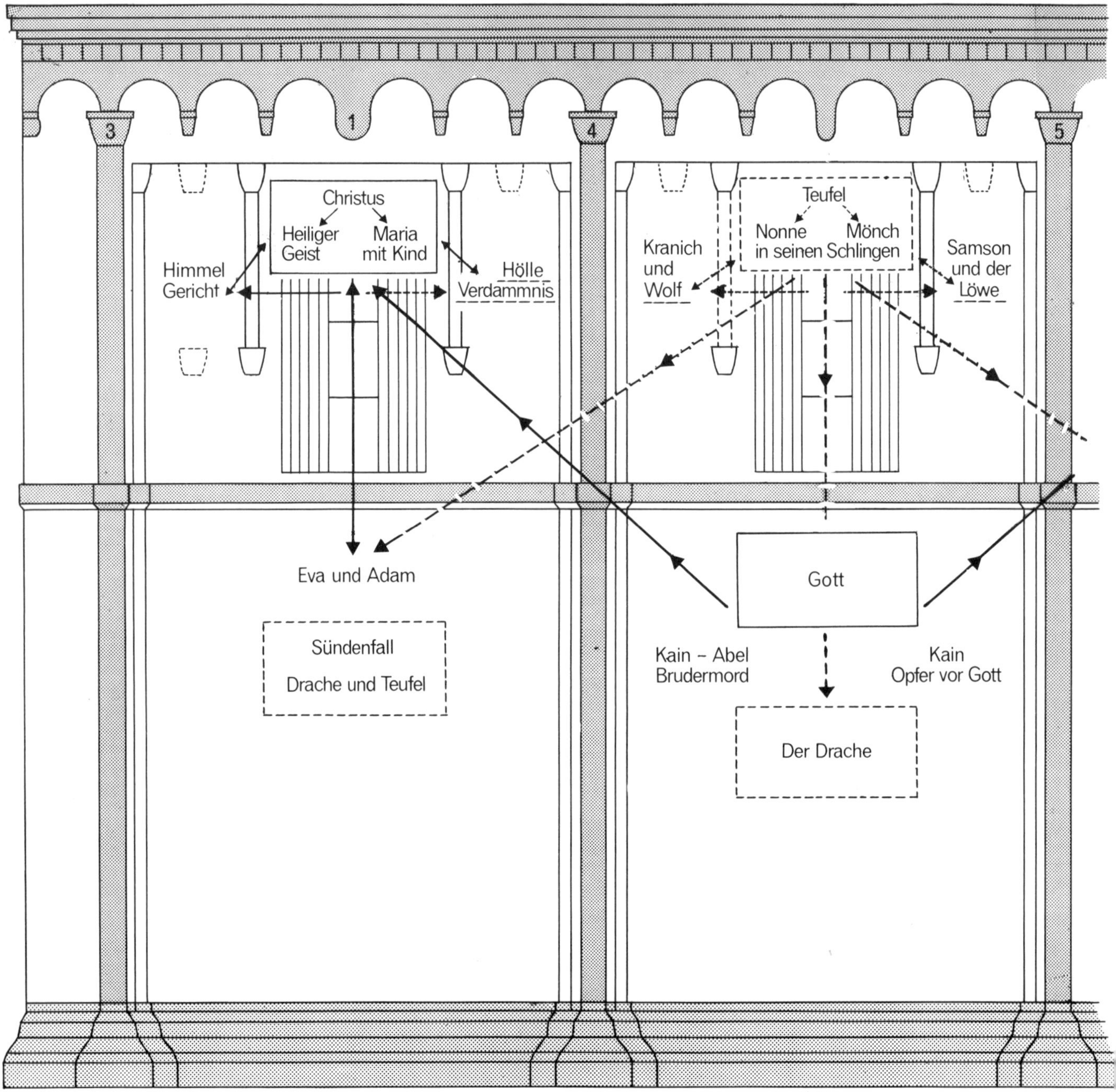
1
3
4
5
Christus
Heiliger Geist
Maria mit Kind
Himmel Gericht
Hölle Verdammnis
Teufel
Nonne
Mönch
in seinen Schlingen
Kranich und Wolf
Samson und der Löwe
Eva und Adam
Sündenfall
Drache und Teufel
Gott
Kain – Abel Brudermord
Kain Opfer vor Gott
Der Drache

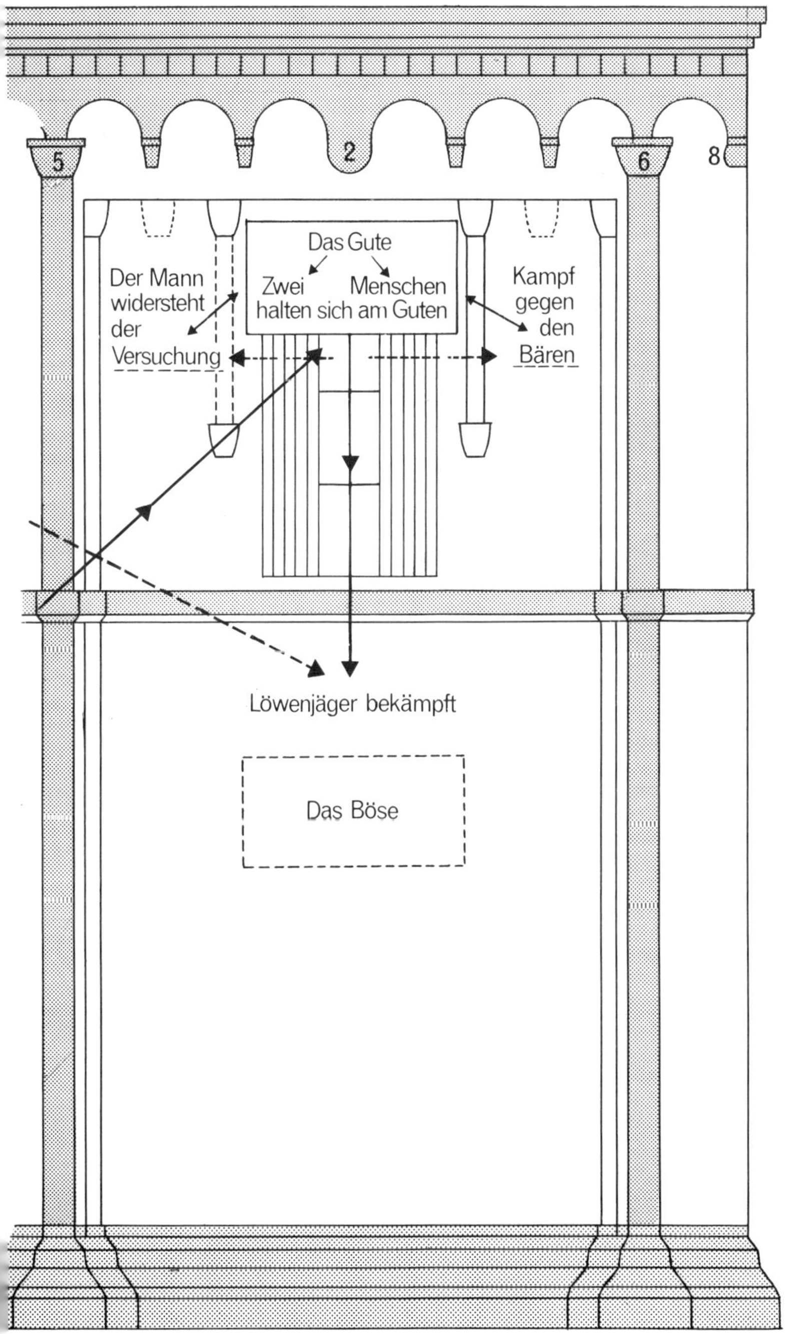

Schematische Darstellung der geistigen Bezüge

Die guten Kräfte sind mit geraden, die bösen mit unterbrochenen Linien gekennzeichnet.

Figur 28